ATRÉVETE A SER FELIZ

1.001 razones
para alcanzar la felicidad

Copyright © EDIMAT LIBROS, S. A.
C/ Primavera, 35
Polígono Industrial El Malvar
28500 Arganda del Rey
MADRID-ESPAÑA

ISBN: 84-9764-340-2
Depósito legal: CO-1156-2004

Colección: Superación personal
Título: Atrévete a ser feliz
Autor: José María Íñigo
Antonio Aradillas
Diseño de cubierta: Visión Gráfica
Impreso en: Graficromo S. A.

IMPRESO EN ESPAÑA – PRINTED IN SPAIN

ATRÉVETE A SER FELIZ

1.001 razones para alcanzar la felicidad

José María Íñigo
Antonio Aradillas

INTRODUCCIÓN

Es tan importante y tan serio cuanto se relaciona con la felicidad, con su educación y enseñanza y con la divulgación de sus valores, que tal tarea no puede ponerse en manos de chafallones o de chapuceros. La educación para la felicidad exige profesionales y no aprendices o pasantes.

Y tal y como es fácil deducir de la bibliografía al uso, y con excepción de algunos meritorios trabajos, la felicidad como reflexión y anteproyecto de meta y destino en los procesos de educación y cultura reclama otros tratamientos. Éstos habrán de estar definidos por una mayor y más rigurosa seriedad intelectual y en consonancia con cuantos valores sustantivos enmarquen en la actualidad la vida de los seres humanos en sus diversas etapas y esferas.

Es de lamentar que, precisamente a consecuencia de los contenidos tan pobres y de los procedimientos tan dislocados que se han seguido y se siguen en la educación de la felicidad, ésta tenga que ser respuesta desnortada y desacorde a las vehementes y profundas preguntas que hoy muchos se formulan en relación con la misma. Aún más, puede aseverarse que si son tan pocas las personas que engrosan ya el censo de la felicidad, es en gran parte consecuencia de la deficiente, y aun perversa, formación que reciben a través de la mayoría de libros inscritos en el apartado de la llamada «autoestima». Una gran porción de felicidad que en ellos se programa y se sirve tiene que ser y es exactamente contra-felicidad y tristeza.

La educación para la felicidad incluye argumentos enraizados en sólidos y probados principios, avalados además por razones de autoridad. A la vez implica el uso de sistemas y métodos a tono con las demandas y con la capacidad de percepción de aquellos a quienes van dirigidos.

Tal fue nuestro propósito y a él responde el planteamiento de este nuevo libro sobre la felicidad. Sus ideas son claras y alongadas de cualquier apariencia de amaño o de confusión. Son ideas-ideas, es decir, universales, incorporadas e insertadas en las más antiguas culturas, algunas de ellas religiosas, y la mayoría pertenecientes al acervo popular y que están presentes y rigen los comportamientos de muchos.

Dadas las características de nuestros potenciales lectores, atizados por las prisas de la llamada civilización, tal y como hoy nos es servida, el género y estilo literario al que nos hemos acogido es el de la máxima, sentencia o greguería. Con el menor número posible de palabras que exija la cabal exposición del pensamiento y con la concreción ajustada y concordada con el mismo, pretendemos que el lector perciba con acierto el sentido y contenido de nuestra reflexión. Y es que el pensamiento lo es más si se ofrece cincelado, sin confusiones y sin distracciones, muchas veces generadas por las mismas palabras cuando sobran o son ociosas.

Cada una de nuestras breves greguerías podría haberse convertido en un largo y sustancioso artículo, tal vez con la ventaja de enunciar y expandir en mayor proporción su contenido, aunque con la desventaja de aburrir o de equivocar. «Lo bueno, si breve, dos veces bueno», por lo que nuestra actitud de servicio a los lectores demanda desde el principio la decisión de la brevedad y el laconismo.

De esta forma, el libro resultará muy legible en cualquier medio de locomoción o sala de espera, y en momentos y lugares en los que no sea posible la lectura más extensa. Como la brevedad no tiene por qué hurtarle densidad alguna, sino que se la aporta, y como en las referidas situaciones y lugares no faltan retazos de tiempo para la abstracción y consiguiente reflexión, nos reafirmamos en el convencimiento de que la presentación elegida por nosotros es la correcta.

Los temas-ejes acerca de la felicidad se presentan como salteados y sin ligazón alguna entre ellos, con lo que la reflexión resulta más rica y plural.

Como el de la felicidad es un concepto plural e inabarcable, el tratamiento literario que le sea ofrecido al tema de la felicidad en cualquiera de sus manifestaciones o encarnaciones tendrá que ser necesariamente múltiple y variado, siempre en función de su propia exuberancia y riqueza. De su indefinición e inagotabilidad.

En su primera parte, la redacción de este libro es afrontada con estilos y fórmulas coincidentes con los de la síntesis, máximas, aforismos, apotegmas o sentencias, con las que pretendimos compendiar al máximo y en pocas palabras, diferentes ideas relacionadas con la de la felicidad.

El reconocimiento de su extensa y profunda riqueza nos obligó al extracto y a la recapitulación, siempre desde el convencimiento de que en el desarrollo de cualquier idea habrá de hacerse presente de alguna manera la posibilidad de la reflexión por parte de los lectores, que así podrán encarnarla y hacerla suya, única fórmula de interpretarla a la perfección. En la síntesis hay siempre espacio para la aportación propia y personal.

Pero teniendo en cuenta áreas más amplias de posibles lectores, decidimos en la segunda parte del libro incluir otras reflexiones relacionadas con la felicidad, pero haciendo uso de un género literario más explicativo y aclaratorio. Más extenso, desarrollado y hasta desenvuelto, si bien siempre con la determinación gramatical de hacer uso de las menores y más directas palabras posibles con el fin de que ni los adjetivos ni los circunloquios distraigan y entorpezcan o equivoquen la intención o el pensamiento.

Esto explica que en esa parte de nuestro libro pretendamos tratar algunos aspectos relacionados con la felicidad, haciéndolo de modo más amplio, aunque algunas de las ideas en las que insistamos hayan sido ya sugeridas, insinuadas y aun tratadas con las fórmulas de las máximas o sentencias recopiladas en la parte primera. La insistencia desde otras perspectivas y aspectos de un mismo tema facilitarán su mejor comprensión por parte de tantas personas necesitadas en tal alto grado de que cuanto es y pueda ser y ofrecer la felicidad se convierta en el patrimonio perpetuo y seguro de quienes la reclaman en cualquiera de las esferas de su vida personal, familiar o social. Un tratamiento persistente y más dilatado podrá abrirles a algunos las puertas de la reflexión con mayor facilidad, tino y acierto. Y es que la insistencia en las ideas de la felicidad, por reiterada que sea, resulta ser siempre tan fecunda como salvadora.

La felicidad es de por sí inasible, por lo que siempre habrá algún matiz que, desvelado, resulte salvador para unos u otros, sobre todo en circunstancias concretas de lugar y tiempo, por muy incapacitado o distante que alguien crea que se encuentra en relación con la influencia beneficiosa de la felicidad.

Sólo nos queda expresar el ferviente deseo de que alguna o algunas de las «razones para ser feliz» de nuestro libro les supongan a nuestros lectores estimables contenidos de felicidad. Tal confianza nos hará sentir también a nosotros mucho más felices.

CAPÍTULO I

1.001 RAZONES PARA SER FELIZ

1. ¡Vive la felicidad! La felicidad es toda una cultura y la cultura no sólo se aprende, sino que se vive...

2. La felicidad que, por definición, es vida y cultura, es –debe ser– un capital que se transfiere de generación en generación y de padres a hijos.

3. Los padres que no hayan sido capaces de transmitirles felicidad a sus hijos tendrían que haber dimitido o dimitir como tales padres.

4. De poco valdría dejarles en herencia bienes de fortuna a los hijos, en cuya tarea tan empeñados están de por vida los padres, si a la vez, y por encima de todo, no les hubieran legado en el testamento de su propio testimonio y ejemplo un buen acopio de felicidad.

5. Como «el bien es difusivo de por sí», y como «nadie da lo que no tiene», resulta ingenuo, y culpable a la vez, que los padres quieran que sus hijos sean felices, cuando ellos no lo fueron, o lo fueron, en tan reducida proporción, y cuando además los educaron para la infelicidad.

6. La familia debe ser sobre todo academia de felicidad: en ella se han de aprender y vivir sus más efectivas y adoctrinadoras lecciones.

7. Por lo que hace referencia a la felicidad, para que las lecciones en familia sean de verdad operantes, han de ser testimonios y ejemplos.

8. La felicidad será para muchos, y de por vida, pura entelequia, a consecuencia de no haberles sido ni siquiera entreabiertas la puertas de su definición y vivencia en el marco de la educación familiar.

9. La felicidad y el sentido común constituyen una relación seductora y fecunda. Quienes no la descubran y no intenten vivirla, serán desgraciados a perpetuidad.

10. Entre tantas situaciones y comportamientos como reclama para sí la vivencia de la felicidad se encuentran los de sentirse libres de envidia y de avaricia, de resentimientos, de baja estima personal, de prejuicios, de odios, de filias y fobias, de mosqueos, de animadversiones, de inquinas...

11. La libertad en su acepción filosófica más virginal es fuente inextinguible de felicidad.

12. La ilusión será también fuente de felicidad, pero siempre y cuando la propia definición de «concepto, imagen o representación sin verdadera realidad sugeridos por la imaginación o causados por engaño de los sentidos» se enmarque en un contexto de razonable proporcionalidad.

13. «De ilusión también se vive...» Es decir, la ilusión también puede ser fuente de felicidad y la misma Sagrada Escritura va más lejos y atestigua que «sin sueños e ilusiones no es posible vivir...».

14. Mientras que la ocupación por ocupación es manantial de felicidad, la preocupación por preocupación jamás puede serlo.

15. «Vence tus deseos de vencer...» Es un buen consejo para quienes aspiran de verdad a posesionarse de alguna fracción de felicidad.

16. La satisfacción que a algunos les produce la aspiración de ganar más que los demás, y ganarles siempre y en todo torna radicalmente infelices.

17. Cuando se descubre que «cada uno es toda la humanidad» se averigua simultáneamente que tiene que ser feliz o infeliz en proporciones similares a como lo es el resto de la humanidad.

18. Generosidad y felicidad son correlativas. Más aún, la generosidad es de por sí felicidad y ésta es también, de por sí, generosa...

19. Discernir lo accesorio o secundario de lo principal es norma elemental en la búsqueda de la felicidad.

20. Hay personas que difícilmente podrán ser felices dado que apenas si tienen algo de esencial, siendo y actuando siempre o casi siempre como seres contingentes o accidentales.

21. Los demás son un libro abierto en cuyas páginas es siempre posible leer y aprender lecciones de felicidad, tanto por defecto como por exceso.

22. Para poder un día aprobar la asignatura de la felicidad es indispensable observar a los demás y aprender algo o mucho de ellos...

23. Escuchar, además de una ciencia, es un arte. Puede hacernos y puede hacer a los otros felices.

24. Escuchando se aprende... Entre tantas cosas, escuchando se aprende el porqué unos son felices y otros no podrán serlo jamás.

25. Los de espíritu mezquino, raquítico y endeble no serán poseedores ni

disfrutarán del bien de la felicidad, aun siendo ésta patrimonio de la humanidad.

26. Son muchas las personas empeñadas en ganar dinero, para cuya tarea fueron formadas y educadas en mayor proporción y con medios más eficaces que los empleados en formarse para vivir...

27. La felicidad no está en el más: es cuestión de educación, de estilo y de arte.

28. Para el hombre, la felicidad tiene nombre de mujer. Para la mujer, y prescindiendo de concordancias gramaticales al uso, la felicidad tiene también nombre de hombre.

29. Los teléfonos móviles, sobre todo a consecuencia de la dependencia que suelen crear, son raros transmisores de felicidad.

30. El cuidado que reclama el cuerpo mediante el ejercicio y práctica del deporte acrecienta el caudal de felicidad con que cuenta.

31. Habiendo logrado el cuerpo humano una buena forma física, la mente se agiliza y de uno y de otra brotan ríos de felicidad.

32. La felicidad es en gran parte fruto y consecuencia de cualquier trabajo y esfuerzo, de modo especial cuando uno y otro están definidos por la solidaridad.

33. Si con el dinero se halla la oportunidad de desarrollar la propia personalidad, incluyendo tal desarrollo consecuentemente el bien de la colectividad, no hay que rechazarlo. Nos hará felices al poder hacer felices a los otros.

34. Una persona con capacidad creadora en cualquier frente de la vida, incluido el de las relaciones socio-laborales y profesionales, es cualificadamente feliz.

35. Es inmensamente rico quien es sustancialmente feliz.

36. A quien desperdicia cuanto de nuevo y de bueno de verdad hay en el mundo, se le cerrarán terminantemente las puertas de la felicidad.

37. Lo nuevo, por nuevo, es título, certificado y patente de felicidad. También lo es lo antiguo, siempre y cuando se presente como algo nuevo y en movimiento sucesivo, renovado y constante.

38. Como el estilo y el gusto personal no pueden ser objeto de transacción o de compra, tampoco la felicidad puede ser artículo de feria o mercado.

39. El número de pobres es muy alto. Extremadamente alto. Pero lo es más aún el de las personas que no son ni se sienten felices.

40. Los pobres de verdad o de conveniencia tanto eventualmente como de por vida, pueden satisfacerse con una limosna... Para las personas que no son felices no hay cuestaciones que valgan, por muy cuantiosas y pingües que sean.

41. La felicidad que entrañan y reportan los amigos radica fundamentalmente en el convencimiento de que ellos son esas maravillosas personas que lo saben todo de nosotros y, sin embargo, nos quieren y nos seguirán queriendo...

42. La felicidad es un artículo muy preciado, pero asequible para todas las economías y culturas.

43. En el camino de la educación-formación para la felicidad y su ejercicio, apenas si hemos dado todavía los pasos primeros y ni siquiera hemos sido informados acerca de cómo balbucear las primeras y más elementales palabras.

44. Resulta escaso y hasta de dudosa interpretación el léxico del que suelen hacer uso los seres humanos para transmitir mensajes y encargos de felicidad.

45. Todas las palabras y todos los gestos pueden ser otros tantos mensajeros de felicidad... Basta y sobra con que unas y otros estén inspirados por el respeto y por el reconocimiento de cuanto es y supone ser hombre o mujer, es decir, persona.

46. En cualquier reflexión sobre la felicidad hay que tener muy presente que «enteramente solo no es posible ser feliz de verdad».

47. Es un bien tan grande y noble la felicidad que, aunque alguien absurdamente se empeñara en ocultárselo a los demás, éstos bien pronto se apercibirían de su existencia.

48. La felicidad no acepta amaños, triquiñuelas o trampas. La felicidad es veracidad, claridad y franqueza. Es lealtad, siempre y con todos.

49. Cuando las expectativas lo son de verdad, es decir, alcanzables en sus objetivos, ellas son portadoras de felicidad.

50. El silencio lo mismo puede ser palabra sonora y veraz de felicidad, que expresión de infortunio o de aburrimiento.

51. La relación amor-felicidad es matrimoniable de por vida e indisolublemente.

52. Una idea falsificada del amor, entre tantas como se encuentran hoy en el mundo y en el mercado de las relaciones interpersonales, no le aportará a nadie una mínima porción de felicidad.

53. Hacer felices a los seres humanos en esta vida y en la otra, deberá ser primera y primordial ocupación de instituciones tan cardinales como la Iglesia y el Estado.

54. Jamás habrían de tener la sensación –por muy lejana que fuera– los administrados o los fieles inscritos en cualquier religión, de que no era objetivo principal de tales instituciones proporcionarles los medios adecuados para alcanzar y disfrutar de la felicidad.

55. Lograr la felicidad es lo que justifica la existencia y actividad de organismos e instituciones, sobre todo de las que de alguna forma subvenciona el erario público.

56. Engañan, o pueden engañar, tanto las apariencias en relación con la felicidad, que la mayoría de las personas que creemos y hasta envidiamos como felices, o no lo son de verdad, o son menos felices que somos nosotros.

57. A muchos les resulta escandaloso, o al menos sorprendente, que una Iglesia que se dice cristiana y que ha proclamado las «Bienaventuranzas» como aspiración y norma de vida, llamando «beati» –«felices»– a sus seguidores, procree seres tan tristes y antipáticos como son no pocos cristianos...

58. No obstante, es de justicia reconocer y alabar que los santos-santos al estilo de santa Teresa de Ávila, testificaron y proclamaron la idea de que «un santo triste es un triste santo».

59. Una religión que predique y amenace con la infelicidad eterna como principal argumento para sus creyentes no es posible que haya sido fundada por Cristo, quien precisamente acomodó en el amor los cimientos de su institución.

60. La impresión de temor y temores eternos que suele percibirse en la Iglesia no se sustenta en argumentos veraces y limpios. Se precisa una constante y renovada profundización en la interpretación, en consonancia con el mensaje evangélico que por encima de todo es de salvación universal.

61. La aspiración efectiva y permanente de alcanzar algún día –pronto– la meta de «llegar a ser de verdad quien eres», es causa y motivo de felicidad.

62. ¿Cómo enseñar a los hijos a vivir con alegría...? Buen tratado de educación que habría de presidir la biblioteca familiar. Y es que una persona feliz es de por sí tolerante, acogedora, complaciente y sociable... Una persona no feliz es pendenciera, camorrista, discutidora y siempre dispuesta a armarla...

63. ¡Qué triste y desconsolador resulta escuchar de alguna persona que «es tan rica, que sólo tiene dinero»!

64. ¡Qué complaciente y reconfortante es la anécdota que un día se hizo noticia de que algunos niños habían ideado vender entradas en pleno campo para desde el mismo, ver y disfrutar de la salida del sol...!

65. Mirar y admirar proceden etimológicamente del latín «mirari» y los dos verbos entrañan el significado de «causar sorpresa la vista o consideración de alguna cosa». A cualquier persona consciente, esto le proporciona felicidad y alegría.

66. ¿Hablando se entiende la gente... y esto proporciona satisfacción y alegría? Sí, pero siempre y cuando al hablar, uno se hable a sí mismo y tenga conciencia de que le está hablando a otro, que es también alguien...

67. Para que de nuestras conversaciones no se ausente la felicidad, es imprescindible tener siempre presente que, dadas las limitaciones personales y las de nuestro vocabulario, ocurre con frecuencia que «duo si idem dicunt, no es idem», lo que quiere decir que «aunque dos personas digan una misma palabra, ésta puede tener, y tiene, significados distintos».

68. La felicidad se refugia muchas veces en la idea de que hay personas que se entienden más y mejor por lo que callan o se callan, que por lo que dicen o se dicen...

69. Baltasar Gracián compendia las principales etapas de la felicidad inherente a la vida, de esta manera: «Gástese la primera estancia del bello vivir en hablar con los muertos, es decir, en leer; la segunda jornada se emplee con los vivos, es decir, en ver y registrar todo lo bueno del mundo; la tercera jornada sea toda para uno mismo, por la dedicación a la noble tarea del filosofar».

70. Una bella y universal fórmula de felicidad coincide con «tener buenos repentes» y con «no rendirse jamás a un vulgar humor».

71. Aun cuando la felicidad propia y ajena se asienta más sobre el *sí* que sobre el *no,* hay ocasiones en las que el *no* se hace imprescindible... Es entonces cuando hay que actualizar la idea de que un *no* dorado satisface más que un *sí* a secas.

72. Los filósofos antiguos tuvieron cuidado en advertir que, cuando hay que pronunciar un *no,* siempre se hará «quedando algunas reliquias de esperanza para que se temple lo amargo del negar».

73. También estos filósofos, atemperando la tristeza que produce el *no* a la alegría que genera el *sí,* invocando la responsabilidad de quienes los pronuncian, proclaman con todas sus fuerzas que «el *no* y el *sí,* son breves de decir, pero piden mucho pensar».

74. Los chistes y las agudezas, las bromas y las ocurrencias... originan con frecuencia, y en determinados momentos, situaciones de felicidad para sí y para los demás... Pero de todas formas, es regla de oro que «no hay mayor desaire que el continuo donaire».

75. Permitirse algún desliz, y más si éste es venial, contribuye a crear y a aumentar la felicidad para uno mismo y para otros.

76. Quienes son y se creen perfectos, jamás tesaurizarán felicidad. La perfección, tal y como se entiende y se pretende vivir entre los humanos, es una imperfección y una grave dificultad para la convivencia pacífica.

77. La verdadera felicidad llega a estar hasta en el mismo pecado. Conscientes de sus limitaciones y debilidades, a los pecadores les alcanza la posibilidad del cambio penitencial de sus vidas desde la humildad y la seguridad del perdón de Dios.

78. La de ser y hacerse hombre o mujer es una tarea permanente, que acompaña a todos durante toda la vida. Esto equivale a decir, entre otras cosas, que cada paso que se dé en tal dirección habrá de estar inspirado por la felicidad que escolta, guarda, estimula y protege a los seres humanos.

79. Los seres humanos no nacen ya hechos... Son y están como en proyecto. Quienes contribuyen a «hacerlos», sobre todo por la educación-formación integral, son premiados con grandes porciones de felicidad.

80. Tan extremadamente triste resulta convencerse de que algunos hombres o mujeres no llegan jamás a «hacerse», como resulta alegre averiguar que, gracias a la ayuda de algunos, otros pueden llegar a ejercer con categoría de personas...

81. La posibilidad de tratar con personas de las que se pueda aprender algo es manantial de felicidad. Tal manantial se torna aún más caudaloso cuando se toma conciencia de que de todos los seres humanos se puede y se debe aprender algo.

82. Las personas –todas las personas– son maestros o artesanos en cualquiera de las ciencias que inspiran o rigen la convivencia, lo que podrá acrecentar el patrimonio de felicidad que necesitan y demandan los seres humanos.

83. El exceso de expectación puede hacer que aumente el número de los infelices.

84. Por mucho que lo verdadero y lo real pueda ser causa, fuente y razón de felicidad, no le será dado al ser humano dejar de pensar que lo verdadero jamás podrá aventajar o sobrepasar a lo imaginado...

85. Un principio elemental en el proceso del descubrimiento y consecución de la felicidad es el de que las personas han de conocerse y tratarse «en su punto» y que este «punto» no es el mismo siempre y para todos. De modo similar, las cosas que pueden proporcionar felicidad, tienen también su propio «punto».

86. Una buena porción de felicidad se obtiene desde la convicción de que la verdad ordinariamente descorre su velo y se nos muestra, pero que raramente nos llega en su elemento puro con todo su brillo y claror.

87. La templanza es germen de felicidad... La imaginación la precisa apremiantemente.

88. Conformar y ahormar la imaginación, anticipa y hace madrugar la felicidad.

89. La felicidad acompaña y corteja de por vida a quienes creen que la perfección no está en la cantidad sino en la calidad.

90. Cuando el gusto o el entendimiento se estragan o se deterioran y la vulgaridad y chabacanería se personan, la felicidad opta por exiliarse de los seres humanos.

91. La exageración no es marco propio para la felicidad. Ésta no entiende de hipérboles ni de superlativos.

92. Cuando se pierde el respeto a los otros, o se lo pierde uno a sí mismo, automáticamente queda incapacitado para ser feliz.

93. La felicidad no entiende de prisas... Prisas y felicidad son incompatibles.

94. Aunque la felicidad ni conozca ni se valga de las prisas, jamás dejará para mañana lo que pueda hacer hoy.

95. La descompostura, la necedad, el azoramiento, la desatención, la ofuscación, la torpeza y la precipitación no son caminos que recorre la felicidad.

96. Fiestas sin felicidad no son fiestas. Es de lamentar que no sean pocas las fiestas que se organizan tanto privada como cívicamente sin contar siquiera con invitar a ellas a la felicidad...

97. La felicidad que originan las fiestas no será proporcional al dinero empleado en las mismas. Lo espontáneo, lo sencillo y lo amable son su principal moneda de cambio.

98. En el lugar en el que se hagan presentes las flores hay ya felicidad, o ella está llamando con insistencia a sus puertas.

99. La felicidad y las flores se apalabran, emplazan y citan en los lugares más inverosímiles. Todo tiempo y espacio es su ambiente y paraje.

100. Las flores abastecen de mayor calidad de felicidad a los vivos que a los muertos. Aún más, una flor que se le debió ofrendar a una persona en vida, pero que le fue entregada cuando se murió, desautoriza y desahucia al donante.

101. Pertenece a una subcultura inactual e impropia de los seres humanos afirmar que el dinero, por sí mismo, entraña y confiere la felicidad.

102. Si la felicidad pudiera comprarse con dinero, no habría potentados, ricos o hacendados que ni ellos ni sus familiares fueran infelices.

103. Dios no sería Dios si sólo los ricos, por el hecho de disponer de dinero, pudieran ser nominados candidatos a la felicidad.

104. La tolerancia es uno de los frutos mejores que proporciona la felicidad. A la vez, la felicidad es árbol del que cuelgan los más sazonados frutos de la tolerancia.

105. La fuerza no puede ser generadora de felicidad, de tal modo que ni siquiera es posible ser feliz a la fuerza.

106. Fuerza y felicidad son términos antagónicos.

107. Son muchas las personas cuyas etapas, momentos y aun ritmos de felicidad están marcados por los triunfos de sus equipos, por ejemplo, de fútbol... No cabe duda de que, así las cosas, la felicidad es también mercadería barata y, por tanto, al alcance de todos, si bien, esta clase de felicidad, y su continuidad, es aleatoria y tramposa.

108. Invertir en el futuro es invertir en felicidad. El futuro es un valor siempre en alza.

109. Una persona con gracia, de la santificante y de la otra, es decir, de la del buen humor y del optimismo, es una persona esencialmente feliz.

110. Ser y mostrarse agradecido con las demás personas, torna feliz y, a su vez, hace felices a los otros.

111. La grandeza de los seres humanos se ha de medir por los servicios que les hayan prestado, o les presten, a la humanidad. Si no fuera así, con dificultad tomaría asiento la felicidad en cualquier otra grandeza.

112. Las vociferaciones, los escándalos y los gritos asfixian o estrangulan la felicidad en el mismo lugar y con las mismas personas entre las que son emitidos.

113. La felicidad está enemistada a perpetuidad con los alaridos.

114. Sobre todo a los familiares les causa inmensa tristeza comprobar como padres o hermanos son y se manifiestan más simpáticos y alegres fuera de casa que dentro de ella ...

115. La casa es normalmente cuna de felicidad. Pero para ello será casa-casa y no hotel, albergue o pensión, restaurante o sala de televisión...

116. La casa-casa será de verdad academia de felicidad cuando todos sus componentes y miembros se comprometan en el nacimiento, desarrollo y progreso de la misma.

117. Cuando se dispone de tiempo, de capacidad de intuición, de percepción y de información, se llega con facilidad al convencimiento de que aquellos que creemos felices lo son en mucha menor proporción a como lo somos nosotros.

118. Los hijos no son para ser disfrutados y, por tanto, para que nos hagan felices. Los hijos se tienen para ser y ejercer de hijos, es decir, de personas.

119. Por los hechos, y no por las palabras, es por lo que se expresa de verdad la felicidad que se tiene o que se dice tener.

120. De patológica puede tacharse la obsesión que tienen muchos de que el día de mañana no serán lo felices que hoy son, olvidando que raras veces ocurre lo que tanto tememos.

121. Son muchos los que no llegarán a la meta de la felicidad por haber querido consumar su aspiración de modo absolutamente perfecto.

122. La inconsciencia no hace feliz. La reflexión y el razonamiento contribuyen de forma poderosa a descubrir que lo somos, o que lo podríamos ser.

123. Quienes se creen y actúan como personas infalibles, además de estar incapacitados para ser felices, tornan infelices a quienes les rodean o tratan.

124. Hay infelices que lo son, y tendrán que seguir siéndolo, pura y llanamente, por haber adquirido la mala, fea e ineducada costumbre de creérselo así.

125. En las posibles situaciones o estados de infelicidad propia, ni es sensato ni correcto echarles siempre y por oficio las culpas a otros. Normalmente los protagonistas de nuestra felicidad somos nosotros.

126. «Nadie tiene derecho a esperar una perla en cada ostra», por lo que resulta ser su consecución tan laboriosa; de modo semejante ocurre con la felicidad, de la que se asevera que es una perla tan preciada y preciosa.

127. Son muchos los recuerdos a los que les es dado hacer presente la felicidad aun en momentos y en situaciones muy inclementes. Ni es cara ni difícil la actualización de los mismos.

128. También a las personas mayores que son o pretenden ejercer a perpetuidad de jóvenes les podrá estar reservada la felicidad, que se les adjudica a los jóvenes por el hecho de serlo.

129. Es preocupante que, teniendo tanta relación etimológica los términos «jubilación» y «júbilo», este estadio de la vida resulte ser para algunos tan infeliz, tan temido y tan desdichado.

130. Cuando el índice de los lamentos o lamentaciones es más alto del que per cápita le corresponde a las personas normales, y tal acrecentamiento responde en exclusiva a un hábito rutinario y vulgar, la felicidad se ausenta del entorno familiar o social.

131. Los trenos y las elegías espantan la felicidad: son otras tantas pedradas que la hieren y matan.

132. «Ponerse manos a la obra» es siempre y en todo fórmula eficaz para convertirse en labrante de la felicidad propia y ajena.

133. Al igual que en los matrimonios al uso, la felicidad exige y exhibe su correspondiente lista de bodas, cuando decide compartir la vida con una persona... Pero tal lista no siempre es idéntica, si bien todas ellas enumeran como artículos fundamentales la salud, la buena conciencia, el amor...

134. En multitud de ocasiones, el amor generador de la auténtica felicidad sólo tiene que limitarse a actuar y a sonreír...

135. Como la luna, a cuyos movimientos se ajusta el calendario hebreo, también la felicidad está a veces en cuarto menguante o creciente, y hasta llega a ser luna llena.

136. El amor, que es de verdad fuente y argumento supremo de felicidad, exige e incluye en su definición una relación de afecto y de solidaridad entre las personas, que suele manifestarse en la alegría por el bien del otro y en la entrega a él. Esto quiere decir que son muchas las falsedades, las simulaciones y los artificios del amor, por lo que su felicidad es tan nimia.

137. De modo semejante a como la felicidad, por mucho que brille en la distancia, puede ser sólo apariencia y no realidad, pero es objeto de admiración y aun de envidia, también nosotros a veces somos admirados y envidiados por quienes creen que somos felices, y esto a consecuencia del espejismo que produce la distancia.

138. Cuando se le estrecha la mano a cualquier persona no es difícil detectar el capital de felicidad que ella acopia.

139. El ser humano –la persona– no tiene peso y medida: tampoco lo tiene la felicidad.

140. La filosofía popular formula a la perfección, y con todo rigor y tino, que «no es más feliz quien más tiene, sino quien menos necesita».

141. Una mente enferma de negatividad y de negatividades condena de por vida a propios y a extraños a la infelicidad.

142. Como gran aportación al tema, algunos se empeñan en someter la felicidad a análisis y a estudio, con olvido de que, por encima de todo, la felicidad se disfruta y se vive y se hace disfrutar y vivir.

143. El afán y la necesidad de ser felices nos hace creer en milagros y en milagrerías, sin percatarnos de que, de la auténtica felicidad sólo nosotros mismos podremos ser sus protagonistas y sus taumaturgos.

144. Lo que de verdad les interesa a los ricos-ricos, por lo que luchan y por lo que empeñan su vida, es tomar posesión de la indescriptible sensación que produce ganar por ganar, aun a costa de quedar inutilizados para ser felices.

145. No es felicidad la que se acrecienta y se guarda sólo para uno mismo y para los suyos. La felicidad que se atesora, se malgasta, se desvanece y disipa.

146. Como todo lo que tiene valor espiritual, la felicidad se malversa cuando se acumula y se ahorra.

147. Colocar la felicidad en aspiraciones desmesuradas o desproporcionadas equivale a condenarse a ser infeliz de por vida.

148. La felicidad ha de acomodarse a nuestras posibilidades y a nuestros recursos reales.

149. Experimentar la caricia de una mirada personal y personalizadora hace intensamente feliz...

150. Son muchas las mujeres que se sentirían inmensamente felices si notaran que eran miradas, aun por sus propios esposos, como si fueran verdaderas personas, con sus correspondientes derechos y deberes.

151. Siguen siendo muchas las mujeres que se sienten miradas como otros tantos objetos de placer o de lujo. También desafortunadamente hay hombres que experimentan la sensación de ser mirados y tratados como otros tantos objetos de producción y hasta de reproducción. Esto quiere decir que no son pocas las personas a quienes se les está todavía negando la posibilidad de ser elementalmente felices...

152. La Naturaleza proporciona argumentos múltiples y asequibles para hacernos felices. Pero para ello, hay que atenderla, admirarla y entenderla.

153. Los niños son convocados a la vida con el correspondiente pan de felicidad bajo el brazo. Esto es lo que se manda y se exige. Pero ocurre que unos niños acaparan de tal modo el pan, que apenas si a otros les alcanza una migaja.

154. Mientras que el *yo* y el *tú* son tan sólo sílabas de felicidad, el *nosotros* es término y expresión cabal y plenaria.

155. En una conversación entre personas ciertamente felices, el *nosotros* habrá de ser la palabra que con más frecuencia se use y se viva.

156. Allí y cuando el egoísmo y la egolatría intenten hacerse presentes, la felicidad se ahuyenta.

157. «Evangelio» quiere decir en griego «feliz o buena noticia». Clama al cielo que, cuando nos lo predican, algunos lo conviertan en intimidación y en amenaza.

158. Algunas personas dan la impresión de ser y de actuar siempre, o casi siempre, como recaderos de malas noticias y, por tanto, de infelicidades. La explicación no está simplemente en el dato de que «pasaban por allí y se enteraron». Está en la sensibilidad de la que disponen

para acumularlas y, sin escrúpulo alguno, hasta para especular con las mismas.

159. Para la causa de la felicidad, los edecanes o los correveidiles de malas noticias trabajan de forma tan negativa como bochornosa.

160. Educar también para poder ser, además del número uno, el número dos o el tres o el cuatro o el último, es educar para la felicidad.

161. El ser humano, por el hecho de serlo, es una obra divina... Saberse así es tener asegurada una buena parcela y una sustancial hijuela de felicidad.

162. La observación propia y ajena con ojos relucientes, limpios y humildes, espolea y aviva el encuentro con la felicidad.

163. Son muchos los que se sienten felices cuando cantan u oyen cantar que hay quienes le dan «gracias a la vida por haberme concedido dos luceros que, cuando los abro, puedo distinguir lo negro del blanco y el fondo del cielo estrellado...».

164. La felicidad les reclama a quienes intenten ser sus poseedores, entre otras cosas, tener la mente despierta, eliminar la amnesia y ser muy agradecidos.

165. Cuando alguien está y se muestra tan atareado, que hasta se olvida de vivir, se verá obligado a tachar su nombre de cualquier catálogo o inventario de personas aspirantes a la felicidad.

166. Quien, por ejemplo, en todas las cazuelas en las que mete la mano encuentra un pelo, en todos los ojos ve una mota, y constantemente halla motivos de crítica..., la mayor parte de las veces lo hace porque está reñido consigo mismo y no atisbó aún siquiera la posibilidad de ser feliz.

167. Con la Ley de Dios en la mano y en el corazón, al hombre y a la mujer se les ha de considerar y juzgar por cuánto aman y no por cuánto cumplen, guardan y observan.

168. El pan, la vida y la felicidad son sagrado e inalienable patrimonio de la humanidad, que precisamente dura y perdura por ser posible y obligado su reparto.

169. Matar «por Dios, por la Patria y el Rey», es inmoral. Tal hecho y formulación enmascara otras intenciones... No obstante, la muerte «decorosa por Dios, por la Patria y el Rey» puede constituir para algunos un ideal personal del que se desprendan destellos de felicidad para esta vida y aun para la otra.

170. No es feliz ni sensato quien, con conciencia de tener una viga en su ojo, descubre y se fija en la mota del ojo del prójimo y se dispone a extraérsela, convencido de que está facultado y llamado para esta tarea.

171. Muestran deseos de ser y actuar como personas reflexivas y prudentes quienes juzgan y valoran a los demás por su capacidad de raciocinio. Quienes dictaminan acerca de ello por otros motivos, además de insensatos, jamás podrán sentirse felices...

172. Ser un buen oyente equivale a ponerse en primera línea en la candidatura por la consecución de la felicidad.

173. Es mayor el número de palabras que día a día salen de nuestros labios, que son portadoras de desavenencias y discordias, que las que lo son de armonía, de paz y de felicidad.

174. La magia en sus diversas versiones y como pretexto, alternativa y sucedáneo de lo religioso, jamás podrá aportarle a los seres humanos la felicidad que precisan.

175. La lucha contra la hipocresía, y a favor de la recuperación de la sinceridad del corazón, facilita el acceso y el acercamiento a la felicidad.

176. ¿Cuál es para usted, por ejemplo, el motivo o la razón principal para poder ser feliz? Muchos de los que responden manifestando que lo es el amor, la honradez, el servicio a la colectividad, la solidaridad, el bien común..., probablemente están diciendo no lo que piensan, sino lo que quisieran que la gente pensara que ellos piensan...

177. La felicidad, la gran felicidad, está trenzada y confeccionada de cosas pequeñas.

178. La verdadera felicidad está en la aspiración y en el trabajo por hacer del mundo un paraíso para úno mismo y para los otros, pero por igual, dado que, de no ser así, no sería paraíso.

179. La felicidad que proporciona el pasado, por pasado, es poco más que sentimental, novelesca y romántica.

180. «Pasando» de todo o de casi todo, no les es posible a los seres humanos ser verdaderamente felices. La felicidad no está en el «pasar», sino en detenerse, permanecer y quedarse.

181. La paz interior es un pingüe capital de felicidad. Hace feliz a su poseedor y a quienes están en su entorno, por la convincente razón de que la paz interior se desborda, rebosa y expansiona.

182. Uno de los pecados más graves e irracionales que pueden cometerse en la vida, y del que difícilmente podremos conseguir el correspondiente perdón, es el de no haber sido felices...

183. Además de pecado, no haber sido o no ser feliz en la vida, es una descomunal estolidez.

184. De los hiperfeccionistas no podrá ser el reino de los cielos... Por tanto, tampoco la felicidad será su patrimonio.

185. La felicidad exige poco más que sentir y actuar con bondad, equilibrio, afabilidad, corazón, sensibilidad, benignidad, indulgencia, oportunidad, comprensión, intuición y talento.

186. Deberían establecerse unos premios de tanta notoriedad como los Nóbel, que habrían de entregárseles a las personas felices...

187. Los verdaderos poetas habrían de ser coronados con palmas de felicidad.

188. La lectura de poesías habría de estar programada en los cursos iniciales de la educación primaria y en todos los demás, desde el convencimiento de que poesía y felicidad facilitan el tránsito por los caminos que llevan a la formación integral.

189. La vida es y tiene problemas... Precisamente por eso es vida la vida. Los problemas son su índice y su señal. Pero hay que observar que un problema planteado y resuelto es moneda fuerte y recompensa de felicidad.

190. Quien se dedique de por vida a la construcción de puentes de conocimiento, de entendimiento y de amor, merece ser laureado con los más señeros distintivos de felicidad.

191. El intento de querer hacer felices a los adultos con fórmulas propias de niños, es de una frivolidad desacreditada y culpable.

192. ¿Podrá ser mínimamente feliz quien crea, y de algún modo lleve a la práctica, el contenido del adagio «piensa mal y acertarás»?

193. El gozo –la felicidad– atractivamente vegetal e inmediato de la raíz no son los frutos... son las ramas. Los frutos son premio, recompensa y galardón de las ramas. La raíz no echa de menos los premios. Es por sí misma feliz.

194. El recuento amoroso de los bienes recibidos durante la vida por parte de determinadas personas nos hace sucesivamente felices. También nos hace felices el registro y la relación de los bienes que a otros donamos nosotros.

195. Rivalizar es un verbo que se nos enseña a conjugar en demasía en cualquier proceso y etapa de nuestra educación-formación. Su práctica y ejercicio nos imposibilita para que nos sea adjudicada algún día la felicidad.

196. La felicidad ignora el uso de verbos tales como competir, porfiar, desafiar, provocar o retar. Los principales verbos con los que se relaciona la felicidad son colaborar, participar, cooperar y coadyuvar.

197. Por mucho precio y valor que tenga un regalo con que obsequiemos a una persona, si al dar no nos damos y no nos regalamos a nosotros mismos como donación y ofrenda personal, no será posible acrecentar ni un ápice siquiera la parte de felicidad personal que se nos demanda.

198. El cariño es el motor principal para la búsqueda y consecución de la felicidad. Si falta el cariño, la mayoría de los valores que configuran y definen la persona y su estado de felicidad, se extravían o se despilfarran.

199. La felicidad ha sido y es espantada con insistencia infernal y por motivos que se dicen religiosos, del cuadro existencial en el que muchos desarrollan sus vidas, proclamando que ella –la felicidad–, si es verdadera, no tiene cabida en la tierra...

200. La renta per cápita no es ni unidad ni módulo, ni medida de felicidad.

201. Las ideas de felicidad y respeto se matrimonian a perpetuidad en las relaciones humanas. No se concibe ni comprende una sin la otra.

202. Conformarse con lo que se tiene, y hacerlo de manera activa y positiva y no por miedo o comodidad, es norma y regla certera de felicidad.

203. El entender, el querer, el conversar y el hacer, habrán de ser y de estar siempre aliñados, si con todos estos conceptos pretendemos ser felices y contribuir a que lo sean los demás.

204. Aun la misma cultura y la sabiduría resultan groseras y no estimuladoras de felicidad, si son y se presentan con desaliño, negligencia y descompostura.

205. El señorío en el hacer, en el comportarse y en el decir hace a muchos felices.

206. No solamente no cansa la felicidad, sino que tampoco es fruto y consecuencia del cansancio. Tiene plena vigencia el dicho de que «lo bueno, si breve, dos veces bueno y aun lo malo, si poco, no es tan malo».

207. Son muchos los que con variedad de fórmulas, a veces misteriosas, sibilinas y disfrazadas, pasan por la vida, y como por oficio, mostrándoles a los demás su satisfacción propia y personal, hasta intentar ostentar una felicidad que ni siquiera atisbaron en la lejanía.

208. Quienes provocaron hastío o cansancio en los otros, ni ellos mismos son, ni contribuirán a hacerlos felices.

209. Cuando se llega a saber de buena tinta que la satisfacción que de sí mismos tienen algunos procede de su ignorancia más o menos culpable, o del deseo de demostrar lo que no tienen, se llega inmediatamente al convencimiento de que jamás esas personas habrán de contarse entre los felices.

210. La incapacidad o torpeza para reconocer los méritos que tienen los demás, torna infelices a propios y a extraños.

211. Hablar de uno mismo tan sistemáticamente como lo hacen algunos y algunas, le pone trabas e impedimentos serios a la felicidad bajo cualquiera de sus formas.

212. Los incriminadores por oficio, por vocación o por deformación personal, hallarán clausuradas a perpetuidad las puertas de la felicidad.

213. Es larga y muy nutrida la lista de quienes tienen especial inclinación a condenar a los otros... Y suelen ejercer tal ocupación no sólo por lo que éstos hicieran que pudiera ser recriminable, sino por lo que hipotéticamente podrían hacer, aunque jamás se les hubiera ocurrido...

214. Una buena y acreditada forma de experimentar y disfrutar de la felicidad es la de llegar a sentirse deseados...

215. Tener espíritu de contradicción hace infelices. Quienes lo detentan y ejercen son enemigos de la convivencia.

216. Dejar hacer y dejar estar... son tareas propias de las personas felices. Es una hermosa y efectiva contribución al desarrollo de la humanidad, en el marco de nuestras relaciones sociales o profesionales.

217. El mal de la infelicidad, al igual que tantos otros males sociales, no pocas veces se empeora con los remedios que le son aportados, sobre todo cuando esos remedios no incluyen el compromiso personal y el testimonio de quienes los aconsejan o imparten.

218. Hay quienes hacen lo posible por ser y mostrarse inaccesibles siempre, con todos o con casi todos... Jamás ellos serán poseedores de la felicidad...

219. La felicidad es atributo de las personas que hacen toda clase de esfuerzos por hallarse siempre alcanzables y cercanas.

220. Mucho más que la elocuencia, es la discreción en el hablar lo que contribuye a hacer felices a los otros y, a la vez, a ser feliz uno mismo.

221. Mirar por dentro es regla y norma de felicidad. Mirar sólo por fuera no puede catalogarse como mirada portadora de felicidad y más en el caso de que se trate de personas.

222. Cuando de la conversación se hace un arte y como tal se hace uso en las relaciones humanas, la felicidad es inherente a cada una de las palabras que componen el diálogo, la charla y aun el palique.

223. Escucharse a sí mismos, en la misma o en superior proporción a como escuchamos a los otros, dificulta el nacimiento y el desarrollo de la felicidad propia y ajena.

224. «Si quieres que te conozcan, habla...» La actualización y recto ejercicio de este principio de la convivencia humana es causa y motivo de felicidad.

225. Pensar por anticipado, cuando se trata realmente de pensar y no de imaginar, de soñar, suponer o quimerizar, puede hacer a muchos felices.

226. La felicidad escolta y sigue a quienes piensan y después actúan... Abandona a quienes actuaron y después pensaron y a quienes, ni actuando ni dejando actuar, jamás se les ocurrió pensar.

227. Norma de oro para hablar y con ello poder ser y hacer feliz al otro, es la de hacerlo con toda atención, miramiento y cuidado. Con cautela con los émulos o competidores, y por decencia con todos los demás.

228. Son muchos los que con autoridad pregonan que se ha de procurar hablar como en testamento: a menos palabras, menos pleitos. Y es que el exceso de palabras, de modo similar a como los pleitos, jamás abren caminos a la felicidad.

229. Constituye una satisfacción –felicidad– impagable descubrir por los propios medios la gran diferencia que hay entre el hombre de palabras y el hombre de obras.

230. Son muchos los que no saben. Más son los que ignoran que no saben. Y son muchos más los que piensan que saben, sin saber. La parte de felicidad que les pueda corresponder a unos y a otros en calidad de personas es muy escasa.

231. La felicidad propia de los seres humanos nos exige a todos una cierta cantidad de osadía y de audacia, al menos en similar proporción a la cordura.

232. Para conseguir vivir con felicidad es imprescindible ejercitarse permanentemente en el sagrado oficio de dejar vivir a los demás...

233. Causa una imponderable sensación de felicidad descubrir y experimentar la veracidad que entraña la comprobación de que el hombre que disfruta de mucha paz, disfrutará asimismo de una larga, reconfortante y próspera vida.

234. La felicidad se identifica con la fácil averiguación de que las personas pacíficas, por convicción o por naturaleza, no sólo viven, sino que reinan...

235. Es un constante manadero de felicidad propia y ajena haber llegado, o llegar, a la conclusión de que no hay persona alguna que no pueda ser maestra de otros en algo...

236. Es feliz de por sí quien sabe estimar a los otros... Y es que el sabio de verdad no lo es sobre todo por la capacidad de conocimientos sino de reconocimiento que posea en relación con cuanto de bueno tiene, o puede tener, cada uno.

237. Es infeliz, por soberbio o por necio, quien no descubrió, y quien no quiso o no se prestó a descubrir, lo bueno del otro...

238. Es imprescindible en el organigrama de la felicidad tener siempre algo que desear. Los hartazgos de felicidad son mortales de necesidad.

239. Cuando alguien llegó a creer que era feliz, por no tener ya nada que desear, dejó automáticamente de serlo. Y es que, cuando no hay nada que desear, todo es de temer.

240. Nunca debería estar prohibido reír o reírse. Así como la risa le abre la puerta a la felicidad, excluirla o desaconsejarla se la obstruye.

241. Dado que la risa nos hace más libres y más espontáneos, ella es de alguna forma expresión de felicidad.

242. Se es y se hace a otro feliz sólo por el hecho de ser afable, risueño y modesto.

243. Muchas personas llegan hasta a alardear de no ser ni poder ser felices, si únicamente tienen presente cómo otros ponderan que lo son y de qué modos y medios se sirvieron para serlo.

244. No es posible sin rumbo alcanzar meta alguna de felicidad. El rumbo, el respeto y acatamiento del mismo, es ya de por sí parte de la felicidad.

245. Hoy sabemos o podemos saber muchas cosas... Todo o casi todo está al alcance de nuestros conocimientos. Pero no conviene olvidar que, de poco nos habrían de valer éstos, si no sabemos vivir en felicidad con uno mismo, con los demás y con la naturaleza...

246. Pese a que en tantas asignaturas de la profesión y de la vida somos expertos, y apenas si nos sería posible ampliar más el grado de los saberes, en relación con la felicidad como carrera o como asignatura apenas si dimos los pasos primeros en el silabario.

247. Ser y saber como corresponde a los adultos y a las personas mayores y no saber aún ser feliz es contradicción lamentable y confusa.

248. La felicidad no recorre caminos diversos y extraños al principio fundamental de que una de sus definiciones más certeras está en la «sabiduría para conocer y disfrutar de los bienes que tenemos ya».

249. Sin salud, o con salud enclenque y raquítica, difícilmente es posible la felicidad. Menos feliz se es cuando la enfermedad deteriora la salud mental.

250. En la sociedad actual la felicidad halla serias dificultades para establecerse y afirmarse, entre otras razones a consecuencia del exceso de palabrería y verborrea que la define.

251. En medio de tantas palabras, tan equívocas y tan embrolladas, el camino se le pone extremadamente difícil a la felicidad para sentar sus palabras reales.

252. La perfección está en la sencillez. También la felicidad se viste con sus atributos para dejarse ver y poder actuar.

253. Vivir y comportarse con sentido común es requisito indefectible para ser feliz.

254. Dado que los llamados «seres queridos» tanto contribuyen en la adquisición de la felicidad propia, a consecuencia del «amor a fondo perdido» con que suelen tratarnos, en justa correspondencia a nosotros también nos incumbe ser y actuar como «seres queridos» con el fin de contribuir a que los demás sean felices...

255. La creación del mundo por parte de Dios y su recreación salvadora por Cristo Jesús son motivos fundamentales e imperecederos de felicidad.

256. El camino de la felicidad pasa obligatoriamente, y se detiene, en las estaciones de servicio al prójimo.

257. A quien no sirve para servir, o a quien no está dispuesto al servicio, se le niega la posibilidad de ser algún día feliz.

258. Son muchas las personas con padecimientos graves, que hasta pueden conducirlas a la desesperación y a la muerte, por no haber encontrado quien escuchara, compartiera e interpretara sus palabras.

259. La vocación de estrellas, que no la de sol, es asequible a la mayoría de las personas con quienes convivimos, y a nosotros mismos, por lo que tanto la felicidad con luz propia, como por delegación, puede constituirse en patrimonio de muchos.

260. La compañía, tanto acompañada como en soledad, es incentivo y reclamo para la verdadera felicidad.

261. La puesta en escena que exige o aconseja el ejercicio de ciertas profesiones u oficios como el de los militares, políticos, sacerdotes, jueces... dificulta la irrupción de la felicidad, sobre todo en el marco familiar.

262. Hay personas que por carácter, temperamento, situación social, profesión, educación o formación constituyen una especie de conseguidores a quienes acuden muchos con la confianza de que les habrán de resolver sus problemas... Suelen ser personas entrañablemente felices.

263. La verdadera pobreza, como obstáculo o dificultad para la felicidad, más está en la falta de sueños que en la del dinero.

264. El amor, si lo es de verdad, es una fiesta constante. El amor es felicidad y es su más inteligible y ágil mensajero.

265. Se dijo con plena autoridad que «saber olvidar es más dicha que arte». La frase no perdió con el paso del tiempo un ápice de su actualidad, ni de su veracidad. Sigue ejerciendo de interpelación y demanda.

266. Aunque pedir les resulte a unos tan fácil, cómodo y rentable, a otros les es extremadamente difícil, incómodo y arduo... No obstante, y cuando pedir sea necesario, saber pedir es una buena y placible tarea.

267. Cuando se tiene necesidad de pedir, el humilde reconocimiento de lo que nos hace falta y, a la vez, la consideración de que lo que tienen y aun les sobra a otros nos es indispensable a nosotros, configuran una imagen de felicidad tan sensata como reflexiva.

268. Muchos son y se comportan como bobos y necios, reclamando para sí y los suyos la infelicidad, por haber olvidado el principio tan básico en los comportamientos de que «hanse de procurar los medios humanos como si no hubiese divinos, y los divinos como si no hubiese humanos».

269. Da la impresión de que no pocas personas disfrutan, y se cuentan entre los felices, dada la proclividad tan acusada que tienen y que alimentan en sus relaciones humanas de llegar cuanto antes al rompimiento con otros, sin haber apurado cuantas fórmulas hay de consenso y arreglo... De esta manera, se echa en olvido el dato de que cualquiera vale para enemigo, pero no para amigo, y que son pocos los que pueden hacer el bien y muchos –todos– los que pueden hacer y harán el mal...

270. Cuando se obra o se actúa en la vida de forma vehemente, ardiente, impulsiva y apasionada, la felicidad ahueca las alas y decide escaparse.

271. La felicidad se enraíza en una gran proporción en el cambio, por notable y aun contradictorio que éste pueda parecerles a algunos... Y es que hay que ser comprensivos con los demás, al menos de modo semejante a como se es consigo mismo, entre otras razones de peso, porque no es fácil ser hoy como ayer, dado que el día de ayer tampoco fue como hoy. Aunque tenga que seguir proclamándose que la coherencia es la virtud cívica por antonomasia, también hay que referir y resaltar las limitaciones a que ella está sometida.

272. Una gran porción de felicidad se le ha de adscribir a los ciudadanos, por el hecho de serlo, debiendo instárseles a participar activamente en la política, para la mejor configuración y desarrollo de la comunidad en la que viven y de la que forman parte.

273. El término «idiota» porta una gran carga de infelicidad y no precisamente por el sentido que más o menos coloquialmente se le suele aplicar, sino porque en su raíz resalta la idea del ciudadano que se inhibe y se desvincula de los demás a la hora de construir la sociedad en que viven, mereciendo ser considerado por ellos como despreciable y ruin.

274. En la concepción básica y primaria de la felicidad se ha de incluir hoy la idea de que «no se es, si no se es en relación con el otro».

275. En conformidad y en relación con la visión lo más global posible que se tenga del mundo, tendrá sustancialidad y arraigo la felicidad.

276. La felicidad es producto esencial para la valoración de la importancia del término «globalización» que en la actualidad se impone y dicta sus reglas para todo el mundo.

277. La felicidad es y tiene en gran parte mucho de comparación... Y para comprender y asumir el verdadero sentido de la comparación, hay que conocer permanentemente cuál es la situación en la que se encuentran los otros seres humanos que no son nosotros y nuestros más allegados.

278. Ocurre que, como el mundo es tan ancho y aún tan desconocido, la felicidad –relación y comparación– habría de estar sometida a las circunstancias adversas propias de las extensas y latas, lagunas de desconocimiento. Don Antonio Machado nos facilita la tarea, haciéndosenos el encontradizo con estas palabras: «Si quieres ser universal, ama a tu pueblo».

279. Hay que comprender que en los ámbitos personales, lo mismo que en los nacionales y supranacionales, lamentablemente permanecemos en la llamada cultura de la fuerza y de la guerra, a muchos años luz del consenso y del entendimiento... Esto quiere decir que la felicidad sigue pendiente de un hilo o de un fogonazo...

280. En lontananza se pueden percibir destellos de felicidad cuando de vez en cuando, y más o menos válidamente, se oye decir que en la actualidad, y en democracia, las batallas se ganan por la palabra y que la espada, el cañón, y aun las armas nucleares, no serán palabras jamás.

281. Similar cantidad o ración de felicidad contiene y ofrece el dicho filosófico de «pienso, luego existo», que la referencia política de «participo, luego existo».

282. Sin pensar y sin participar no se es, ni hoy ni nunca jamás. Y, si no se es, no se podrá siquiera aspirar a ser feliz...

283. Pese a los notables logros alcanzados por la democracia, con la consiguiente repercusión en la felicidad ciudadana, es todavía muy largo el camino que se ha de recorrer. Y es que quienes no votan o votan lo que otros le dicen y no lo que ellos quisieran votar, están contribuyendo a que los sistemas democráticos sean más formales que reales y que en los Estados no se cumplan las promesas que en su nombre se hacen...

284. Sí: «todos somos ciudadanos de una aldea global...». Se trata de una verdad plenamente fundamentada y cuya consecución habrá de acrecentar nuestra felicidad, pero siempre y cuando no contrapongamos la idea de «mundo» a la de «aldea» y nos veamos obligados a sentirnos extraños en una y en otro.

285. Con toda luminosidad, felicidad y belleza aseveró Leonardo da Vinci que «cuando a un navío le sorprende una tormenta, de pronto, y como por arte de magia, ya no hay a bordo ni ricos ni pobres, ni hombres ni mujeres, ni viejos ni jóvenes, ni blancos ni negros... No hay más que pasajeros que comparten por igual un destino común».

286. Por encima de todo hay que ser comprensivos y entender que con dificultad la felicidad puede ser compatible con la llamada «sociedad del espectáculo» que nos circunda y en la que nos encontramos. En ella se le presta culto desproporcionado al consumo, a la moda, a los actos deportivos de masas, a la velocidad, a la sexualidad comercializada, a la banalidad, y a tantos fetiches y modos de comportamiento dedicados en gran manera a narcotizar a los ciudadanos y alejarlos de cualquier reflexión...

287. Gracián escribió con sabiduría que «las sobras de alabanza son mengua de la propia capacidad y que el que alaba sobrado, o se burla de sí o de los otros...». Por supuesto que ni alabador ni alabado podrán ser felices jamás.

288. El filósofo Platón refirió un día que «será feliz el mundo cuando comenzaren a reinar los sabios o comenzaran a ser sabios los reyes». Entre tantas otras cosas, Platón quiso decir que, si de los reyes o de los sabios dependiera la felicidad propia y ajena, difícilmente algún día el mundo llegaría a estar habitado por personas felices.

289. Cuando el sentido aristocrático es en su significación limpia y primigenia, nota característica de la vida, la felicidad se viste de fiesta y llega y beneficia a multitud de personas.

290. Hay quienes se creen felices interpretando al pie de la letra el dicho de que «a buen entendedor, pocas palabras...». Otros hay que se sienten tanto y aun más felices interpretando el dicho de esta manera: «a pocas palabras, buen entendedor».

291. No pocos historiadores comprenden, y aun disculpan, a los persas antiguos que preferirían no conocer a sus propios hijos hasta que no tenían al menos siete años, que era la edad considerada como la de la reflexión y el discurso. Y es que los hijos para estos persas, no eran hijos de verdad, hasta que no los veían discurrir. Y así, padres e hijos eran felices.

292. Se ha dicho con entendimiento, con experiencia y con lógica y, por tanto, con autoridad, que «el primer paso del saber, es saberse a sí mismo», consistiendo en tal saber y sabiduría una parte importante de la felicidad. Y es que hay muchos que ni saben ni pueden saber, por la inocente y patética razón de que antes no «se supieron» a sí mismos, ni se les ocurrió jamás partir de tal conocimiento. De ahí que, quien no es entendedor, no puede ser entendido, lo que significa que la felicidad estará herida de muerte en multitud de tiempos y de circunstancias.

293. Es de una luminosidad refulgente, esplendorosa y circuida de felicidad el contenido de la siguiente frase de Gandhi: «un error no se convierte en verdad por el hecho de que todo el mundo crea en el mismo; ni una verdad en error porque nadie crea en ella».

294. Un principio orientador de sabiduría existencial que consuela y hace a muchos felices, aunque no siempre otros estén de acuerdo con él, es éste: «quien sabe ser pobre, lo sabe todo o casi todo».

295. ¡Qué razón demostró tener el filósofo griego Platón cuando afirmó y mantuvo la idea de que «no puede andar bien un pueblo si en él no hace cada cual lo suyo y lo que le corresponde»! Si así acontecen las cosas, la felicidad podrá estar al alcance de todos. De no ser así, la felicidad se expatría.

296. Como el hombre no es de verdad sino lo que le pasa, los episodios de felicidad que pueda vivir lo hacen ser mejor y mucho más hombre y el acrecentamiento de su acervo o patrimonio de felicidad lo es también de humanidad.

297. La de los sueños y la de las canciones fue considerada entre los pueblos más primitivos como propiedad individual inviolable y sagrada, fuente y origen de argumentos y razones de felicidad.

298. Saberse dueño y poseedor de sueños y canciones acomoda y asienta al ser humano en privilegiados niveles de felicidad.

299. Para desdicha de la sociedad sobre todo actual, hoy en multitud de tertulias y comunicaciones se suele valorar mucho más el ingenio que la misma razón y que la verdad... Con tales baremos, apenas si hay lugar para la felicidad en el pequeño mundo en el que vivimos, nos movemos y somos.

300. Con deferencia, bella, gentil y poética, impropia de la Administración Pública, el aeropuerto de Madrid-Barajas despide a sus viajeros de la terminal I con estas palabras de Miguel Hernández: «Alrededor de tu piel ato y desato la mía». Con tal referencia son muchos los viajeros que se sienten más felices y otros a los que se les acentúan aún más sus sentimientos de insatisfacción y tristeza.

301. En el referido aeropuerto, y en la misma terminal, acompañando a un inmenso mural firmado por Oswaldo Guayasamín, relucen estas palabras: «En todas partes he visto gentes que danzan y juegan». Pese a que ni siempre ni todos pudieran firmar aseveración tan optimista, con que hayan comprobado unos pocos, y más si son artistas, el contenido veraz de esta expresión, el viajero anónimo se puede llevar consigo argumentos para hacer un viaje feliz.

302. Pero como la realidad es la realidad, y también la Administración la encuentra, y a veces destapa, en otro mural alcanza viveza y validez amedrentadoras el siguiente verso arrancado de una página de la poesía maya: «Hagamos la alegría triste». A su luz, el viaje puede seguir siendo feliz, pero menos alegre.

303. En cualquier horizonte de la vida, y aun de la muerte, puede y debe alentarse la esperanza feliz de que alguien algún día pueda colocar en la lápida de nuestra tumba el epitafio que se lee en la de Galileo Galilei en la iglesia de la Santa Cruz de Florencia: «Hic bene quiescat», es decir, «que descanse en paz».

304. La consistencia y perdurabilidad de la felicidad es de forma prevalente fruto directo y proporcionado del correcto funcionamiento de las llamadas potencias del alma que son «memoria, entendimiento y voluntad», y de los sentidos del cuerpo que son «gusto, oído, vista, olfato y tacto».

305. Quienes contemplamos el colosal memorial erigido en honor de Miguel Ángel en la iglesia de la Santa Cruz de Florencia nos sentimos inmensamente felices porque a alguien tan humano como nosotros se le haya podido dedicar y escribir sobre el mármol esta inscripción: «Tanto nomini nullum par elogium». Es decir, «no es posible ponderar acertadamente su grandeza».

306. En medio de la plaza de la Señoría de Florencia se indica el lugar exacto en el que las autoridades civiles, eclesiásticas y militares condenaron a la hoguera a fray Jerónimo Savonarola... Allí mismo el 23 de mayo de 1498 se encendió la pira que acabó con su cuerpo. Cuando en la actualidad se le pretende canonizar al haberse descubierto que todas sus denuncias –y aún más– estaban muy justificadas entonces, son muchos los que se sienten inconmensurablemente tristes, si bien otros se sienten de alguna forma felices al pensar que, en ésta o en la otra vida, las cosas se aclaran y, por fin, la verdad puede abrirse camino.

307. De vez en cuando, aun en versiones que se dicen paganas, la literatura universal nos ofrece pensamientos tan felices como éste: «Tú que

piensas como yo, eres mi hermano; pero si piensas distinto de mí, eres dos veces mi hermano, porque gracias a la riqueza que tú me aportas, y a la que te doy, comenzamos a enriquecernos mutuamente».

308. Uno es, o puede ser ya feliz, cuando llega el convencimiento de que, por fin, le es posible pensar y sentir por sí mismo y no por delegación...

309. Verse sometido por cualquiera de los procedimientos y medios hoy en activo, también a tener que pensar en conformidad con lo que otros piensan y sin otra opción realmente personal, es estar condenado a la infelicidad sempiterna.

310. Lo vulgar, todo lo vulgar, y por muy vulgar que sea o aparezca, también puede ser fuente de felicidad cuando se ahonda en sus orígenes y en su procedencia etimológica y se descubre que «lo propio del vulgo es lo propio del pueblo». Solamente así es posible, apreciado y hasta justo hacer referencia a «los primores de lo vulgar».

311. En tiempo de «globalización», de universalismos y ecumenismos religiosos, constituye una fuente de felicidad leer pensamientos como éste: «Jamás te fíes del hombre ligero y sin convicciones, aunque parezca profesar tu propia religión».

312. El pensamiento no es monólogo. Es esencialmente diálogo... De la mano de este aforismo filosófico, el griego Sócrates hacía siempre de su auditorio un interlocutor y en cada frase se detenía y preguntaba si el otro estaba o no de acuerdo... Será de esta única manera cuando y como el pensamiento y los pensantes podrán contribuir a que la verdadera felicidad tenga posibilidades de asentarse entre los humanos.

313. Como apenas si hay vocablos que no sean equívocos y que no posean significados diversos, resulta extremadamente difícil hacer con ellos felices a las otras personas.

314. Es efímera, provisional, precaria y escurridiza la felicidad generada por motivos y títulos infundados, insustanciales o superfluos.

315. Sin la densidad, coherencia, responsabilidad, estabilidad y conciencia propia de los actos humanos no es posible que la felicidad se registre entre las actividades y situaciones propias del hombre y de la mujer.

316. También ver y oler una flor, de modo semejante al de tantos otros ejercicios y actividades que se juzgan fútiles, baladíes e insustanciales, puede proporcionarnos elementos de juicio válidos, y hasta suficientes, para hacernos pasar momentos felices.

317. Son infinitos, y hasta ingeniosos, los caminos que se registran en la vida de las relaciones humanas por los que la felicidad puede hacerse

presente y operante entre todos los seres humanos. Pero no siempre éstos se hallan sensibilizados a facilitarles y hacer expedito su recorrido a la felicidad.

318. La felicidad, que también puede llegar a través de la comunicación por teléfono, es felicidad mayor cuando se comunica de manera más inmediata, cálida y cercana. El teléfono resulta ser más comercial, frío y desapegado.

319. Un principio fundamental en el planteamiento y uso de la televisión en familia puede formularse de esta manera: la televisión crea felicidad en mucha menor proporción a como la degenera, prostituye y corrompe.

320. Considerables dosis de infelicidad personal, familiar, y social tienen su explicación y su origen en la presencia y actividad de la televisión, sobre todo en familia.

321. La felicidad está y depende en numerosas ocasiones del buen uso que se haga del mando del televisor.

322. Causa sensación y enorme tristeza descubrir que el principio de autoridad se identifica y se ejerce en familia con la persona que tiene en sus manos el uso del mando del televisor.

323. Cuando la comida es también comunicación y al necesario quehacer del mantenimiento del cuerpo se le añade la posibilidad de conocerse y tratarse, la comida lo es de felicidad y se convierte en festín.

324. Tuvo que ser una persona al menos aproximadamente feliz quien aseveró que la felicidad «consiste en dar y recibir amor, en disfrutar de una buena salud física y mental, y en gozar de un bienestar económico que permita tener opciones y tiempo para disfrutar de todo ello».

325. «Aunque los atributos de Dios todos son iguales, más resplandece y campea a nuestro ver el de la misericordia que el de la justicia...». Cuando Don Quijote adoctrinaba así a su escudero Sancho Panza, tal y como refiere don Miguel de Cervantes, el «Caballero de la Triste Figura» estaba ya a punto de alcanzar la felicidad, después de sus ensoñaciones y hazañas por paraísos andantes.

326. Son pocos los que perciben que el tiempo es elemento esencial y constitutivo de la felicidad, con olvido de que, si no se dispone del mismo, por mucho dinero, salud, amor, poder, fantasía y tantos otros elementos teóricamente componentes de la felicidad, ésta no será posible...

327. Más que de lugares y ocasiones, la felicidad es cuestión sobre todo de tiempo.

328. Pese a que por su terminología, «trabajo» proceda del término latino «tripalium», o «tres palos», con referencias a un instrumento de tortura que existía ya en el siglo VI formado por tres maderos cruzados a los que era atado el reo para golpearlo o azotarlo, la actividad laboral o profesional, es decir, el trabajo, es una de las causas y razones creadoras, más sustantivas y expansivas de la felicidad.

329. De tan cimentado y tan serio como elemental convencimiento de que cada uno de los seres humanos es uno e irrepetible brotan manaderos de felicidad.

330. Unidad-felicidad es un todo. Los laborantes de la unidad lo serán, y lo son, asimismo de la felicidad y viceversa.

331. Que conste que unidad no es uniformidad, por lo que, del mismo modo que aquélla es y hace felices, ésta es y torna infelices.

332. Sin intentar de verdad conocernos a nosotros mismos, y de idéntico modo intentar hacerlo con los demás, la felicidad es tarea imposible.

333. Objetivo primordial de los seres humanos habrá de ser procurar aprovechar la sucesión de los pequeños placeres y satisfacciones menudas que día a día también proporciona la vida y con las que es posible urdir el tejido de la felicidad.

334. La felicidad nace, crece y se compromete con todo aquello que sea y signifique estima y valoración conveniente tanto de lo propio como de lo ajeno.

335. Don Miguel de Cervantes colocó en labios de Don Quijote este consejo, momentos antes de despedir a Sancho Panza, que iba a tomar posesión del gobierno de su imaginaria Ínsula Barataria: «Primeramente has de temer a Dios, porque en el temerle está la sabiduría y, siendo sabio, no podrás errar en nada. Lo segundo, has de poner los ojos en quién eres, procurando conocerte a ti mismo, que es el más difícil conocimiento que puede imaginarse...». Además de constituir estos consejos parte importante de un buen manual de sentido común, también inspiran y orientan los caminos en la consecución de la verdadera felicidad.

336. Tan reñida está la felicidad con la imposición y sus procedimientos, que ella no puede ser prescrita ni establecida por Real Decreto.

337. Los más próximos a nosotros, aunque sean y estén geográficamente más cercanos, no siempre son los más conocidos... Más aún, con desdichada frecuencia ellos son los más ignorados y hasta extraños... Por supuesto que entre personas distantes y desconocidas, por muy familiares que sean, a la felicidad no le será posible abrirse paso...

338. Vivir sin convivir, y más si se está obligado a ello por alguna firma

o contrato, lastima y mutila cualquier opción de felicidad.

339. La felicidad es enemiga de la oscuridad. La felicidad ama apasionadamente la claridad y la luz. Apagar la luz es extinguir o sofocar la felicidad.

340. De la falta de luz no hay que culpar normalmente ni a la vela ni a las compañías eléctricas. Los usuarios o consumidores son frecuentemente los verdaderos culpables. Algo similar acontece cuando la referencia es respecto a la felicidad.

341. Con clásica autoridad tanto filosófica como literaria, se aseguró lo siguiente: «Feliz el hombre que, como Ulises, realizó un bonito viaje o ganó el Vellocino de Oro y retornó culto y con experiencia para pasar el resto de sus días en familia...». La frase es todo un pozo de sabiduría tanto clásica como moderna, es decir, eterna.

342. No hay que echar en olvido que la felicidad es tan generosa que ésta no sólo se halla cuando se la encuentra y se toma posesión de la misma. Se halla también, y de modo que ronda el prodigio, ya cuando se la busca...

343. Una casa y una persona cualquiera llegarán a ser poseedoras de la felicidad y de las felicidades siempre y cuando se abran a los demás y abran sus ventanas al conocimiento, a la comunicación y al diálogo entre quienes la habitan.

344. «Tanto necesita la diligencia de la inteligencia, como ésta de aquélla... La una sin la otra valen poco y juntas pueden mucho...» Con una fórmula como ésta, y que además se llevara a la práctica, serían muchas más las personas felices.

345. Si se nos ocurriera abrir los ojos al menos lo justo para ver como nos merecemos por seres humanos y cómo se merecen los demás, también por poseer tal condición, la felicidad irrumpiría con fuerza en personas y grupos.

346. A los devotos de las apariencias, a los arrogantes, a los faroleros y a los figureros jamás les será posible ser protagonistas de situaciones y momentos felices.

347. Por todos los sentidos del cuerpo humano se nos pueden adentrar destellos de felicidad.

348. La inmortal novela del Quijote escrita por don Miguel de Cervantes, contiene capítulos que son otros tantos tratados de felicidad... En uno de ellos su protagonista le imparte este consejo a su escudero: «La sangre se hereda y la virtud se aquista –conquista–; la virtud vale por sí sola lo que la sangre no vale...». La puesta en práctica de este pensamiento tornará a muchos felices.

349. La verdad es una y siempre, pero a la vez, múltiple y diversa. Con tal convencimiento, demostrable con facilidad y por lógica, serían muchas más las personas que se sintieran felices y que hicieran asimismo felices a otros.

350. Para que la verdad sea siempre y con todos generadora de felicidad, es indispensable que el respeto al otro presida su gerencia y aplicación.

351. Los viajes hacen a muchos ciertamente felices... Y es que felicidad y viajes suelen ir de la mano...

352. El hecho de que sea tan prevalente la reiterada manifestación del deseo de «feliz viaje» cuando ellos se inician, hace pensar que en los mismos puedan surgir circunstancias de diverso tipo que contribuyan a aminorar la felicidad que de por sí reportan.

353. El viaje que se efectúa al interior de cada persona puede resultar tan atractivo y apasionante como el que tiene por destino una playa, un paisaje o una ciudad, aunque ésta haya sido privilegiada con el título de «Ciudad Patrimonio de la Humanidad» y la primera cuente con banderas azules.

354. Viajar, expresión semántica de «viam agere», es decir, «hacer camino», siempre y de alguna manera incluye el concepto de una meta y de una vocación de felicidad.

355. Los viajes son mucho más felices si la felicidad que como tales entrañan es compartida por familiares y amigos.

356. Uno de los enemigos de los viajes y, por tanto, de la felicidad que puedan generar, radica en el dato de que, más que viajar, lo que muchos hacen y consienten es limitarse a ser transportados...

357. Unos creen que el viaje, para que les aporte un plus de felicidad, no habrá de ser programado, fiándose en gran manera de la improvisación. Otros, por el contrario, están convencidos de que la programación es elemento esencial o, al menos, necesario, para que el viaje llegue a ser realmente feliz.

358. Por encima de todo, la felicidad es un cúmulo de vivencias. No una ni dos ni tres..., sino muchas vivencias son las que componen la felicidad y le confieren coherencia.

359. El esquema de felicidad es cambiante y fluyente. Es algo tan vivo que nace, crece, se desarrolla y puede morir...

360. Vivir en paz, es decir, en felicidad, es anticipar los gozos eternos de morir en paz.

361. Son muchos los que están como condenados a la infelicidad de por vida por no haber acertado en la elección de su trabajo, profesión u

oficio, o porque alguien, aunque hubiera sido con la mejor de las intenciones como en el caso de los padres, forzaron en cierto sentido la dirección de su propia vocación o inclinación laboral.

362. Desde el convencimiento y experiencia de que no pocas palabras –diríase que la mayoría de ellas–, se pronuncian y se ponen en uso con la siniestra intención de equivocar, y no con la de entenderse entre sí, es muy difícil atisbar la felicidad en el panorama de la convivencia...

363. Como ocurre que es en la terminología oficial, que suele ser empleada por los políticos de turno, cuando y donde se registra en mayor proporción e intensidad la falsificación del sentido de las palabras, es desolador tener que llegar a la conclusión de que por el camino reglamentario apenas si es posible que nos lleguen ráfagas de felicidad.

364. No se nos ha educado para satisfacer la necesidad de felicidad que tenemos como seres humanos, pudiendo y debiendo encontrarla en lo habitual, lo normal, lo simple, lo llano y en lo más cercano a nosotros mismos y a nuestras posibilidades, usos y costumbres.

365. Refiere la leyenda que Miguel Ángel quiso ser enterrado en el interior de la iglesia de la Santa Cruz de Florencia, pero junto a la puerta, para que, cuando resucitara en el Día del Juicio Universal, lo primero que vieran sus ojos fuera la cúpula de Brunelleschi de la catedral de Santa María de las Flores. En la posibilidad de tal visión concentró Miguel Ángel su felicidad, aun la supraterrenal.

366. El cariño es el analgésico más efectivo y humano. El cariño anestesia el dolor más persistente y agudo y es garante de felicidad.

367. Contiene una gran dosis de felicidad personal, estatal y, sobre todo, autonómica, percatarse de que la inteligencia de los seres humanos está vinculada, más que a los idiomas que se ignoran o rechazan, a los que no se olvidan y a los que se intentan aprender.

368. El cariño de los seres queridos salva o atenúa la tristeza y el dolor de la muerte y contribuye a descubrir la felicidad que ella entraña, aunque sólo sea por formar parte esencial de la misma vida.

369. Aseguran los expertos que la desesperación que a veces se anticipa a la muerte, con mención especial para la de los ancianos, radica más en sentirse abandonados y solos, que en el mismo hecho de tener que morirse.

370. Esos mismos expertos afirman que, si no faltara el cariño y si los enfermos por muy graves e incapacitados que estuvieran jamás se percataran de tal privación o defecto, no se estaría en la actualidad planteando tantos temas encadenados, por ejemplo, con la eutanasia.

371. La felicidad jamás estará ni a favor ni en contra de todo o de casi todo.

372. La felicidad de los seres humanos no es ni está en un *sí* concluyente y soberbio, ni en un *no* terminante y preciso. La felicidad entre las personas está, y habrá de estar a veces, en un compresivo y modesto *depende*, *no siempre* y *a veces*.

373. Jamás podrá radicar la felicidad de los padres en que los hijos lo sean a su imagen y semejanza, por mucho que ellos sean, o hayan sido, y conseguido y ganado en sus vidas. La felicidad está en ser de verdad, en parecerse, parecerlo así y en demostrárselo a uno mismo y a los demás.

374. Cuando uno cuenta y recuenta sus días y llega a la amarga y desoladora conclusión de que los tristes fueron y son muchos más que los días alegres, se tiene toda autoridad para aseverar que, quien así echa las cuentas, o no sabe o no supo vivir, o no sabe o no supo –o no le dejaron– contar.

375. La felicidad es algo tan personal e intransferible que difícilmente su esquema y vivencia podrán repetirse tal y como son en cualquier otra persona, ni identificarse con sus frutos y con sus satisfacciones.

376. De aquellos de los que se dice que su vida es muy singular y que todos o casi todos sus actos son merecedores de ser considerados como hazañas, raramente puede asimismo atestiguarse que fueron de verdad felices.

377. Cuando algunos proclaman a diestro y a siniestro todo cuanto hacen, como recabando de los otros la consideración de ser merecedores de medallas y reconocimientos, por ser lo suyo asunto de honor y de fama, lo primero que se nos ocurre es que tal héroe lo fue y aún lo seguirá siendo en cualquiera de los frentes de la vida, menos en el de la felicidad.

378. Le pregunté un día a unos niños –seis y ocho años– en qué podría consistir para ellos su felicidad y, mirando uno al otro me dijeron que ellos serían felices si sus padres dejaran de fumar... Y es que influyen mucho los medios de comunicación resaltando noticias tales como las referidas a las enfermedades que genera el consumo del tabaco, si bien a estos medios, y a determinadas noticias, son mucho más sensibles los niños que las personas mayores, aunque éstas sean sus propios padres.

379. La felicidad es plenitud y, por lo mismo, abundancia... Pero no siempre la felicidad está y hay que buscarla en la abundancia. Más aún, la felicidad rehuye hacerse presente en la copiosidad y en la hartura.

380. El aburrimiento en cualquiera de sus modos y expresiones no podrá hacer feliz a nadie: ni a quien lo padece ni a aquellos sobre los que el mismo puede influir de alguna manera.

381. Así como hubo y hay tiempos y lugares en los que son tratados y tachados de personas conflictivas, y por tanto enemigas de la comunidad, quienes destacan o descuellan en sus respectivos campos o saberes condenándoseles al exilio o al ostracismo, así también habrían de ser tratadas y castigadas las personas aburridas.

382. Con reconocida autoridad alguien expuso la idea de que es posible que la acción no lleve siempre a la felicidad..., pero lo que sí es cierto es que no hay verdadera felicidad para sí y para los demás sin acción...

383. La felicidad es acción, actitud y conducta, y su genuina y probada expresión no es la palabra, sobre todo como ésta se halla hoy sometida a tantos y a tan graves procesos de adulteración, dependencia y esclavitud.

384. La felicidad rehúye por su propia naturaleza el estrés, el ahínco, las prisas y el apresuramiento.

385. Siempre, y con todos, es tiempo y ocasión de felicidad. Cualquier recorte a que sea sometida su idea y su actividad, la empobrece y la extingue.

386. No es más feliz quien más lo proclama. Aún más, la persona feliz rechaza cualquier tentación de establecer pugilato alguno en la consecución y disfrute de la felicidad.

387. Buda, en su sermón de Benarés, dictó las siguientes reglas de vida y de felicidad para cada día: «Sed compasivos y respetad la vida aunque sea la más ínfima; dad y recibid y no toméis nada indebidamente; nunca mintáis, ni siquiera cuando os parezca que no está mal; evitad las drogas y las bebidas; respetad a la mujer y no cometáis ningún acto ilegítimo con ella». Son muchos los seguidores de Buda y otros que no lo son que, cumpliendo estas normas, son ciertamente felices.

388. Teniendo en cuenta todo lo que se relaciona con la religión y la felicidad, muchos creen con firmeza que el cristianismo no debía pasar por ser una religión ni judía, ni griega, ni romana, ni oriental, ni occidental..., sino que debía ser esencialmente adaptable a cualquier religión, raza o nación.

389. ¡Qué alegría tan elegante, feliz y perfecta se experimenta cuando se llega a la conclusión de que es el propio sol el que, generoso, nos permite ver el sol...!

390. La verdad en su formulación filosófica más pura, y ya en tiempos de los griegos clásicos, era definida como un «descubrimiento». Verdad y descubrimiento, al menos por el esfuerzo y sorpresa que lleva consigo todo hallazgo y revelación, son por igual, otras tantas fuentes de felicidad.

391. Y en este contexto hay que reafirmar que es más verdad, y más generadora de felicidad la verdad, cuando es descubierta por nosotros mismos.

392. A los jóvenes a perpetuidad les será dado ser felices, en mucha mayor proporción y medida, que a quienes, con los mismos o menos años que otras personas, éstas padecieron alifafes o achaques de cuerpo y de alma.

393. Las convicciones despejan los caminos por los que a la felicidad le será dado personarse con facilidad y liberalidad.

394. Cuando a cualquier persona se la educó para que pudiera admirar y a la vez, admirarse, ante tantas cosas como ofrece la vida, tal persona fue educada simultáneamente para la felicidad.

395. Felicidad y agradecimiento hacen el camino al unísono, aun en situaciones y momentos inhóspitos y desconcertantes.

396. Sobre los seres humanos, por su propia condición, recae el deber y el derecho de contribuir cuanto puedan, y aún más, por lograr que la felicidad forme parte de su patrimonio personal.

397. Se es feliz cuando, por ejemplo, se está convencido y se lleva a la práctica el principio, de que «lo que no se puede decir, no se debe decir».

398. Alfonso X, el sabio por antonomasia, apuntó con claridad y justicia hacia uno de los elementos que en la convivencia humana contribuyen de forma muy decisiva en la creación y mantenimiento de la felicidad: «Todo home se debe mucho guardar en su palabra de manera que sea acertada e pensada antes que la diga, ça después que sale de la boca, no puede home facer que non sea dicha».

399. Con dinero es posible, lucido y vanidoso estar, resplandecer y hasta descollar. Pero sólo o fundamentalmente con dinero no es posible ser. La felicidad verdadera se vincula al ser y no tanto al estar.

400. Son felices las personas cuando tienen amigos, entre otras razones porque, para ser felicidad, ésta necesita ser compartida.

401. Una fórmula feliz de felicidad puede concretarse de esta manera, exigiendo su correspondiente adecuación y vivencia a sus términos: «si quieres amistad, sé amigo».

402. El hecho de poder andar y de hacerlo con la mayor frecuencia posible, produce y proporciona motivos para incorporar a nuestra propia vida fragancias y esencias de felicidad.

403. La felicidad no es sólo un ya. Ni un antes ni un después. Es –puede ser–, como aspiración constante, un siempre y un todo.

404. Podrían constituir inmensas y muy bien pobladas bibliotecas los libros que de alguna manera, y en todos los tiempos, tuvieron la felicidad como su argumento y su tema. La razón puede estar tanto en la necesidad que de ella se tiene por lo que se añora, como en el dato de que precisamente cuando se habla y se escribe hasta alardeando de ser ya poseedores y disfrutadores de la felicidad, es cuando menos se tiene.

405. Cuando el dinero se presenta como una de las motivaciones principales de la vida, hasta el punto de justificar aun la selección de determinadas carreras, la felicidad laboral o profesional llega a ser difícilmente alcanzable.

406. Dado que la paz consigo mismo es generadora de felicidad en grado tan estimable, son muchas las personas que nos la desean, aunque sólo sea pensando en la favorable repercusión que la propia felicidad tiene en la ajena.

407. Los que trabajan por la paz–felicidad propia, trabajan asimismo por la paz–felicidad ajena.

408. La felicidad es como el aroma que desprenden las personas, sólo por habérsenos hecho presentes.

409. Educar para el arte y para su interpretación en cuantas manifestaciones es posible encontrar en la vida es educar para la felicidad. Y, ciertamente, es mucho y de gran valor el arte que hay en el mundo.

410. Al ser tan numerosa la nómina nacional de artesanos y artistas en modalidades tan diversas en tiempos pasados y presentes, los motivos de felicidad inherentes a sus obras que podemos contemplar y admirar son inagotables.

411. Sabedor el artista y el artesano –todos lo somos de una u otra manera– de que la contemplación de sus obras hará felices a muchos, uno y otro actualizarán su responsabilidad de ejecutarlas con la mayor perfección posible.

412. Los retrasos y las impuntualidades originan situaciones de infelicidad, que en la mayoría de las ocasiones, son también otras tantas faltas de consideración, respeto y de educación.

413. Saberse imperfectos hace felices en correcta y adecuada graduación y escala. Saberse perfectos genera angustias y situaciones de infelicidad propia y ajena.

414. Perdonarse y perdonar, con el equilibrio y la equidad exigidas por la convivencia, es garantía de felicidad.

415. Don Miguel de Cervantes subrayó de esta manera una buena fórmula de felicidad: «En la llaneza y en la humildad suelen esconderse los regocijos más aventajados».

416. El mismo Cervantes le hizo expresar a su Don Quijote la inmensa alegría y felicidad de que era portador, en el momento que hubo de reconocerle a Sancho, gobernador de su Ínsula, «dícenme que gobiernas como si fueses hombre...».

417. Al poder comprobar con tan escandalosa facilidad que no son muchos los que gobiernan, los que son gobernados, los que administran los bienes propios y ajenos, los que mandan, los que actúan en sus respectivas profesiones y ministerios..., y que lo hacen, pero no como debieran siempre hacerlo por el hecho de ser hombres, produce una inmensa insatisfacción, infelicidad y tristeza.

418. Es frecuente oír decir que «una buena puerta honra una casa...». Si bien unos son y se dicen felices ya en la puerta, y otros lo son cuando la rebasan, desgraciadamente también hay otros que no llegan a alcanzar la felicidad en sus casas por mucho que haya sido honrada con la más artística y valiosa puerta...

419. Entre tantas asignaturas como el educando y el educador tienen pendientes, una de ellas y muy fundamental, es la de saber perder... También es la de saber ganar. El aprendizaje y puesta en práctica de una y de otra acarrean una buena ración de felicidad.

420. Por no haber aprendido a tiempo y con todas sus consecuencias a ganar, lo mismo que a perder, son muchos los infelices y los que están contribuyendo a que lo sean también los demás.

421. Por olvidarse de que a cada día le basta con su correspondiente preocupación, son muchas más las personas infelices que las felices... Hay una gran cantidad de personas que acumulan infelicidades sólo por haberlas anticipado, aun en el caso frecuente de que jamás ellas ni se habrían hecho y ni se harán presentes.

422. Muchas situaciones de infelicidad son consecuencia y fruto exclusivo de no haber embridado la imaginación a tiempo y con las fuerzas de que se dispone por el hecho de ser personas.

423. Ponerle frontera a la felicidad, de modo similar a ponérsela a la vida, equivale a mutilarla o a eliminarla.

424. Belleza y felicidad viajan siempre juntas. La felicidad sigue a la belleza y ésta a la felicidad.

425. Dado que son y están tan pocos proclives y atentos a mirarles a los demás a los ojos, se pierden la posibilidad salvadora de descubrir si son o no son felices, desperdiciando a la vez la posibilidad de percibir

si también ellos mismos lo son.

426. Los ojos son testimonio y testigo veraces, fidedignos y sinceros de la felicidad que se tiene o que no se tiene.

427. Cuando éramos niños, tomábamos al pie de la letra el encargo que nos daban en sus cartas los familiares y amigos de transmitir a otros «besos y abrazos» y hasta llegábamos a sentirnos inmensamente felices al haber sido elegidos para menester tan grato y beneficioso... Pero cuando, al igual que en tantas otras situaciones y momentos, descubrimos que eso de «besos y abrazos» no pasaba de ser una frase más, la felicidad se tornó en tristeza.

428. Si se hubieran cumplido a la perfección y con sentido los encargos de «besos y abrazos» que epistolarmente, por teléfono, y ahora por internet nos han sido y nos serán encomendados que transmitamos a los demás, habría más felicidad en el mundo, y ésta sería mucho más veraz.

429. Estar siempre dispuesto a reír y a reírse de uno mismo es piedra clave en la construcción del edificio de la felicidad cotidiana.

430. No siempre tiene que estar y sentirse la felicidad ni en lo blanco ni tampoco en lo negro. Muchas veces la felicidad está y es también lisa y llanamente gris.

431. La felicidad no tiene color. Más aún, todos los colores lo son y pueden ser colores de felicidad.

432. La felicidad ni está en la buena ni en la mala noticia. La felicidad es siempre, para todos y por encima de todo, la buena noticia por excelencia.

433. Desayunar y comenzar el día con una buena noticia hace felices... Tal vez por eso, y como nos suministran con tanta y tan reiterada frecuencia las malas noticias, son muchos los imposibilitados para percibir el paso de la felicidad a su orilla.

434. Una buena idea, cuando es buena y es idea, es y se convierte en una buena noticia, y ésta se trueca automáticamente en surtidor de felicidad.

435. Buscar lo que sea, y más cuando lo que se busca es la verdad, equivale a estar encontrando sucesivamente la felicidad.

436. Son muchos los que se insensibilizan ante la felicidad, incapacitándose para hacerla suya, sólo por no haber sabido buscar, y menos buscar la verdad y buscarla de verdad.

437. Los buscadores de felicidad coinciden siempre con quienes tienen los ojos sumamente abiertos, sin cerrarlos jamás y ayudándoles a los otros a que abran los suyos.

438. Es triste llegar a la conclusión de que, pese a ser muchos los que se echan a la calle a la búsqueda de la felicidad, jamás ésta se les hará presente, dado que ni siquiera al echarse a la calle salieron y se evadieron de sí y de lo suyo.

439. La calle es motivo de felicidad y de felicidades. La solución está en que la calle sea calle y no meta y destino, que se recorra con ojos propios y abiertos y que se crea que también ella es marco, residencia y morada de la felicidad.

440. Tienen vocación y posibilidad de llegar a ser personas felices, aquellas cuyas vidas y comportamientos fueron inspirados por la conjunción de la calma y la paz.

441. Siendo muchos los que están convencidos de que la felicidad está en los otros y en las otras cosas distintas a la suyas propias, forzosamente hay que llegar a la conclusión de que no podrán ser muchas las personas felices.

442. Más que en que cambien los otros, la felicidad se hace presente y es más felicidad en la aspiración y en el hecho de que cambiemos nosotros.

443. La mejor y más feliz definición de la mujer es su *sí*. Su maternidad es un *sí* y gracias a él vivimos nosotros y podemos ser felices.

444. La mujer, por mujer, es un *sí* permanente. Es ésta la causa y razón por la que ella puede ser más feliz que el hombre.

445. Cuando los ojos, al ver, se abrillantan más todavía y, al ver, abrillantan las cosas que ven, son ojos que hacen felices a sus poseedores.

446. Cuando se hacen esfuerzos por conseguir convertir los ojos en otros tantos ventanales por los que el alma mira y se mira, se les abre la posibilidad de acercarnos a la felicidad.

447. La atención a la vida es condición indispensable para conseguir una verdadera formación, en idéntica proporción que para lograr la felicidad.

448. Se es cabalmente persona en la medida en la que uno se abre al amor y al servicio de los demás, por eso no son muchos los que de verdad son y ejercen de personas, y menos de personas felices.

449. La llama se apaga si no se la comunica... Exactamente lo mismo acontece con la felicidad.

450. La vida es patrimonio de todos. La vida está entrenzada con hilos tan distintos de fuerza y color, que no es posible prescindir de ninguno de ellos, sin que ella –la vida– sufra un notable quebranto y se torne en contra–felicidad.

451. Aprender a aplaudir es tarea generadora de felicidad, siempre y cuando se haya llegado a la conclusión, y ésta se lleve a la práctica, de que unas cosas y unas personas merecen aplauso y otras no son dignas de ser aplaudidas.

452. La felicidad no es fruto o producto exclusivo ni de grandes ni de excesivos sacrificios por parte de unos... Es el resultado afable de vencimientos pequeños, de detalles insignificantes y de gestos de complacencia fina, austera y amable... Pero, por parte de todos...

453. Efectiva y acertada definición de felicidad ofrece el Apóstol San Pablo con estas palabras: «Cada uno de vosotros procure dar gusto a su prójimo en lo que es bueno y pueda edificarle...».

454. A la hora de querer construir la felicidad familiar o social, no será posible prescindir de los valores del otro. Ellos no pueden ser anulados. Acaso hay que complementarlos y así se agigantarán.

455. Buda, al igual que otros fundadores de religiones serias y con capacidad de atracción y compromiso para numerosos adeptos, fue maestro en la enseñanza de la felicidad. Del mismo son estas decisivas y orientadoras palabras: «Si un hombre vence en batalla a miles y miles de guerreros, y otro somete a uno solo, o sea, a sí mismo, en realidad, es este último hombre el máximo vencedor». Por supuesto que en vencer, convencer y en vencerse, se halla la felicidad.

456. Si se miran y estudian con atención y en su raíz los comportamientos humanos, es fácil llegar a la conclusión de que la mayoría de las guerras que registra la historia, tanto en los tiempos pasados como en los presentes, responden a motivaciones e incentivos que se dicen religiosos, lo que constituye una mayúscula barbaridad y un desprestigio para la religión y las religiones, procreadoras de guerras y no de felicidad... Es el mismo Buda quien nos sale también al paso en esta reflexión con las siguientes palabras: «Nunca pienses que tu propia religión es la mejor».

457. Palingenesia, es un término de procedencia griega por todos sus costados, quiere decir «nuevo nacimiento». Si donde hay nacimiento hay felicidad y alegría y si la vida humana, por vida y por humana, para serlo de verdad, tiene que ser y aceptarse como un renacimiento constante y fluido, la felicidad inherente a todo nacimiento habrá de serlo, también a todo renacimiento.

458. En las «Florecillas de san Francisco» se narra que en una ocasión el santo de Asís le gritó a un almendro: «Háblame de Dios...». En vez de contestarle, el árbol floreció de repente. El libro refiere que san Francisco fue aún más feliz al comprobar este comportamiento del almendro...

459. Y es que, tal y como siguen refiriendo las Florecillas, «no hay mejor modo de acercarse a Dios que evitar las palabras y dar testimonio del mismo sólo con la floración de lo viviente en todas las cosas». Tal pensamiento y explicación llevan fácilmente a la conclusión de que contribuir al florecimiento de algo y de alguien en la vida, es cooperar a hacer tallecer la felicidad de los seres humanos y aun la del mismo Dios.

460. Hace profunda y largamente felices a los seres humanos cuando, por fin, alguien nos convence, o nos convencemos nosotros a nosotros mismos, de que estamos obligados a hacer no lo que nos gusta, sino lo que hay que hacer... Algo tan elemental en la vida como esto es frecuentemente olvidado, por lo que la felicidad se nos ausenta con desventurada frecuencia.

461. De una o de otra manera, todos cantamos o podemos cantar... Y todos quisiéramos que alguien oyera nuestro canto y nos felicitara por ello, aportándonos una breve pizca de felicidad... No obstante, nada menos que Goethe nos sale al paso con estas palabras: «Es el canto que canta la garganta / el premio más cabal para el que canta».

462. Innumerables veces somos asaltados por la convicción de que la racionalidad no siempre define y alienta los comportamientos humanos. Tal convencimiento nos hace infelices. No obstante, jamás deberíamos olvidar que «el hombre no nace siendo racional, resultándole además difícil llegar a serlo de verdad».

463. Quien experimenta la sensación del orgullo de ser racional, o no podrá ser feliz jamás, o habrá de ser feliz siempre y por encima de todo.

464. No somos un «yo»; somos un «nosotros». No hay mayor alegría y felicidad que partir de este principio y vivir y actuar a su luz.

465. Así como a muchos lo acabado y perfecto les reporta una excelente porción de felicidad, también a otros se la proporciona lo inacabado y defectuoso. Es cuestión de sensibilidad y de sensibilidades. Lo inacabado también tiene su encanto.

466. «Yo no digo esta canción sino a quien conmigo va...» En la sempiterna mañana de San Juan, el marinero del Conde Arnaldos les recita esta sugerente cantiga a quienes, felices, estén dispuestos a acompañarlo en su camino hacia ninguna parte o hacia todas.

467. Son muchos los que buscan la felicidad y la hallan en aquellos sitios en los que, o no hay, o hay pocas pisadas humanas. Otros la buscan y la hallan en esos mismos sitios, pero cuando, por fin y felizmente, descubrieron que también hay y éstas se identifican, o pueden identificarse, con huellas divinas.

468. Se logran buenas dosis de felicidad ecológica cuando llega a descubrirse que también los árboles parecen tener conciencia de sus frutos, de modo similar, y aun tanto o más, que de los suyos –es decir, de su propio destino– tiene el hombre...

469. Son muchas las personas a las que les resulta fácil adentrarse en áreas de felicidad cuando consiguen columbrar que también las cosas, todas las cosas, tienen su alma...

470. Lo importante, y lo que nos hace ser ciertamente felices o colocarnos en camino de llegar a serlo, no es la verdad, sino su búsqueda, convencidos de que ella es esquiva de por sí y de que nadie la tiene en plenitud y siempre está como en camino.

471. La felicidad lo mismo está, o puede estar, en la estabilidad como en el cambio. Pero, por lo que hace referencia al cambio, la felicidad se le agrega y adscribe no al cambio de los otros, sino al propio.

472. Con mayor frecuencia nosotros somos quienes tenemos que cambiar para poder ser felices y contribuir a que los demás también lo sean.

473. Si el cambio es necesario para la consecución de la felicidad, por mucho que cambien los demás, jamás seremos felices nosotros.

474. De modo similar a como nosotros somos, o podemos ser, caminos de felicidad para los demás, también éstos, y en idéntica proporción y medida, pueden ser esos mismos caminos para nosotros.

475. Todas las direcciones de todos los caminos pueden serlo de felicidad.

476. Una persona feliz detesta cualquier agresión, reyerta o pendencia. Una persona feliz no hace daño a nadie.

477. Fuimos creados por Dios para ser felices y para contribuir a que lo sean también los demás. Pervertir o deteriorar este plan del Creador equivale a menoscabar y a profanar su obra.

478. Por su propia naturaleza resulta inhumano pretender ser feliz uno solo, excluyendo o abandonando a los otros.

479. La comida es fiesta familiar o social. En ella ha de hacerse presente la felicidad. No haber trabajado en idéntica o en mayor proporción en la preparación de la comodidad y confort como componentes de la felicidad en la comida, es mucho peor que no haber hecho la correspondiente inversión en medios y en imaginación en la elección de los productos y en su presentación en la mesa.

480. Quien comparte, y se comparte a sí mismo, es feliz y hace feliz. Compartir es pieza clave en la construcción de la felicidad propia y ajena.

481. Compartir nuestra paz personal con los otros es colaborar en su felicidad y también en la nuestra.

482. Siendo, como es, cooperación la compasión, –«padecer con»– cuando nos manifestamos compasivos con los otros, además de colaborar en su felicidad acrecentamos la nuestra.

483. La humanidad habrá de sentirse triste e infeliz cuando por todas partes se comprueba que ni siquiera se educa a quienes la componen para la cooperación, y sí, y mucho, para la competición.

484. Son reclamos ciertos y seguros para generar y para atraer la felicidad, entre otros, elementos tales como la sencillez, la naturalidad y la afabilidad.

485. Ya es triste que aun en las relaciones sagradas de la intimidad familiar puedan impartirse, y se impartan, consejos como éste: «Compórtate con tu mujer como te comportarías con la de otro...».

486. Así como la felicidad no puede comprarse, tampoco puede venderse. La felicidad es don gratuito. No es un producto venal.

487. Precisamente por ser y darse gratuitamente, es felicidad la felicidad y hace a tantos otros felices.

488. La felicidad procede de modo directo del corazón de los seres humanos... Por eso es y crea concordia, que es un concepto y una palabra que aun en su etimología procede de «cor–cordis», es decir, del corazón.

489. Son muchas las condenas que formulamos en nuestras conversaciones, contra todos o contra casi todos. Son tantas y dictadas con tal ligereza, celeridad e inconsistencia, que obligatoriamente habremos de experimentar una acuciante sensación de infelicidad como seres humanos.

490. Condenando de por vida, casi siempre y a casi todos cuando hablamos no es posible ser feliz, aunque lo hayamos hecho por irreflexión e imprudencia.

491. El conocimiento veraz de mismo es fuente y principio de sabiduría y, por lo mismo, de felicidad.

492. Apena comprobar que en el canon, esquema y norma del hoy llamado y tenido como «hombre diez», no sea posible integrar algún cupo o porcentaje de felicidad.

493. El respeto y la autoestima propia y ajena son elementos consustanciales a la felicidad.

494. Además de siembra, esfuerzo y esperanza, la felicidad es granazón, cosecha y recolección.

495. Con nuestro propio trabajo colaboramos directamente con Dios en la obra de su Creación–Recreación al servicio del prójimo. El convencimiento y valoración de esta verdad hace que nuestra felicidad nos desborde y se desborde.

496. No siempre la felicidad es un concepto y una vivencia lógica, reflexiva y casi juiciosa.

497. De modo similar a tantos otros valores en el desarrollo de la vida, la felicidad carece de sexo y ni es ni hace más feliz a la mujer que al hombre.

498. Es tan urgente como indispensable descubrir, vivir y contribuir a que se viva la idea de que la verdadera cultura hoy será cultura de paz. Así, y simultáneamente, lo será de felicidad.

499. Es muy generoso el contenido de felicidad que entrañan y ofrecen estas palabras pacifistas y cultas del rey moro sevillano Almutamid, pronunciadas en el siglo XI: «La realeza está en el manejo de los libros. ¡Deja el caudillaje de los ejércitos! Golpea fuerte con el tintero y la pluma, en lugar de hacerlo con la espada afilada y cortante».

500. ¡De cuánta felicidad dispondríamos para nosotros y para los demás, si lleváramos a cabo el principio de que el hablar, el auténtico hablar, se compone principalmente de silencios!

501. Otra vez se nos vuelve a hacer el encontradizo en estas páginas el mismo san Francisco de Asís con esta fórmula tan serena, sensata e infalible de felicidad: «Yo necesito poco, y ese poco lo necesito muy poco...».

502. Razón y argumento de felicidad es descubrir que el hombre realmente fuerte no piensa nunca en atacar. Su actitud primordial es simplemente la de afirmarse.

503. Es mucha la felicidad que contiene y puede generar el lema de las aristocracias antiguas de «Nobleza obliga», dado que, ante todo y sobre todo y entre los seres humanos, la nobleza es principalmente un privilegio de obligaciones...

504. El filósofo griego Platón definió la filosofía –pensar y actuar en conformidad con lo pensado– como «la ciencia de los hombres libres, de los nobles y de los caballeros». Es decir, de aquellos que de por sí están vocacionados para la felicidad.

505. Tal y como refiere el romancero español, el rey Alfonso VI recibió en cierta ocasión al Cid con estas palabras: «Viejo que venís, el Cid/, viejo venís y florido...». Cuando la vejez está definida por un constante y expresivo florecimiento es y hace feliz...

506. La vida es quehacer. Quehacer constante. Y el mayor quehacer de todos ellos es averiguar qué es lo que procede y hay que hacer... Y es que para vivir, hay que estar siempre haciendo algo. El quehacer es señal y fuente de vida y de felicidad.

507. Desde el convencimiento de que apenas si hay en cualquier diccionario vocablo alguno que no sea equívoco y que no tenga y admita interpretaciones diversas, para que nos podamos entender en paz y en felicidad es imprescindible hablar un lenguaje idéntico, cuya veraz interpretación no dependa de la palabra que usemos sino del conocimiento mutuo, del amor y de la comprensión.

508. Es mucha la felicidad que supone seguir con fidelidad el sapiente consejo de los antiguos de que «debemos guardarnos de pensar que los demás obrarían como obraríamos nosotros...».

509. «Mis arreos son las armas/, mi descanso el pelear...» tal y como canta una y otra vez el Romancero español. Si así sucedió algún tiempo, y si así sigue sucediendo todavía en tantos sectores de nuestra población y formas de pensar, la felicidad no tiene presente, ni por supuesto, futuro.

510. Con profunda poesía filosófica don Luis de Góngora y Argote oculta en las siguientes palabras florales una feliz y acertada definición de felicidad: «Ayer naciste / y morirás mañana /, para tan breve ser / ¿quién te dio vida? / ¿para vivir tan poco / estás lucida / y para no ser nada / estás lozana? Dilata tu nacer / para la vida / que anticipas tu ser / para la muerte».

511. Cuando el ideal humano nos es ofrecido identificado en exclusiva con el progreso y la justicia, tal y como suele ocurrir, con denodada frecuencia, la felicidad brilla por su ausencia... Es más consistente tal felicidad cuando el ideal humano se nos ofrece identificado con la belleza, desde una visión profunda y nueva de la vida y de las cosas.

512. La belleza integral, como ideal humano, nos hará sentirnos más y mejores seres humanos, más civilizados, más comprometidos con el dolor, con la alegría, con el derecho y con la solidaridad. Es cuestión no sólo de sensibilidad, sino de objetivos y de la correspondiente valoración de los mismos.

513. También las cosas tienen su lenguaje. De su correcta interpretación depende en gran manera la felicidad que seamos capaces de avistar y de distinguir en ellas y, por lo mismo, de disfrutar.

514. Son muchas, muy simples y sencillas las cosas que están en nuestro alrededor cargadas de mensajes y palabras de felicidad y nosotros seguimos insensibles a ellas, no las interpretamos o las interpretamos exactamente al revés...

515. Con tantas fuentes y con tantos pozos de aguas dulces –de felicidad– como hay en todos los caminos que recorrió el bueno del Arcipreste de Hita, éste se lamenta de la manera siguiente: «Non fallé pozo dulce / nin fuente perennal».

516. Jorge Manrique deploró el sentido de la vida de personajes ilustres y a él allegados, con estas palabras: «¿Qué fueron sino rocíos de los prados?». Su pregunta, entre tantas, lleva consigo esta contra-pregunta llena de felicidad ¿Nada más y nada menos que «rocío» y además, de los prados?.

517. Todo cuanto de alguna manera tiene relación con el entusiasmo es anticipo seguro de felicidad. No en balde el mismo término castellano procede de otro griego que quiere decir «inspiración divina» o «inspirado por los dioses».

518. Y es que el entusiasmo es aquello que nos lleva y obliga a adentrarnos, a descubrir y a vivir a Dios en las cosas y en las personas. Esto es lo que explica que en cierta ocasión, intentando unas doscientas bayaderas bailar con Buda y no queriendo éste preferir a unas y rechazar a otras, «mediante un acto de amor transcendente», tal y como refieren los libros antiguos, logró el poder de convertirse él mismo en otros doscientos Budas... Sólo así él y ellas fueron felices.

519. Son muchas y muy felices las definiciones que de los amigos han ofrecido literatos, filósofos y pensadores a lo largo de la historia. Sófocles llamaba al amigo «compañero de viaje». En su propia etimología, «compañero» quiere decir «el que come y participa del mismo pan».

520. Cualquier fórmula eficiente y operativa de felicidad lleva consigo adaptarse a los cambios y luchar por superar los reveses de la vida.

521. Es feliz el que al menos intenta con diligencia y ahínco ver siempre el vaso medio lleno, en vez de verlo medio vacío...

522. La autoestima ayuda imperturbablemente a adueñarse de la felicidad, aun en situaciones y momentos intrincados y difíciles.

523. Después de recorrer largos y aun azarosos caminos algunos –pocos– llegan al convencimiento de que la felicidad no es otra ni está sino en la serenidad ante lo que nos rodea.

524. «Hoy es un gran día ...» Sí, la mayoría de los días son ciertamente grandes y con inagotable capacidad de generar felicidad. Si tal máxima se mantiene y además se celebra con uno mismo y con los otros, la felicidad se torna asequible y cercana.

525. El hecho de prestarle mayor atención a cuanto refieren y dicen las personas con quienes convivimos hace que la felicidad esté permanentemente acrecentando el número de partidarios.

526. Cada edad necesita, por ejemplo, zapatos distintos. Con zapatos de niños no le es posible a una persona mayor recorrer caminos de felicidad. Tampoco les será posible hacerlo a los niños cuando tienen sus zapatos el número propio de los de las personas mayores.

527. Son muchas las personas infelices porque se les obligó a que sus zapatos siguieran teniendo idéntico número toda su vida, lo mismo en la niñez que siendo adultos.

528. Cuando no se escatima el tiempo para entregárselo a la familia y a los amigos, se es mucho más feliz.

529. No les será posible a muchos posesionarse de alguna de las áreas de influencia de la felicidad, cuando no llegaron al convencimiento de que lo que de verdad importa en el ejercicio de su profesión y oficio no es ser servido ni servirse de los otros, sino servirlos... Servirse de los otros, ser servidos y no servirlos, es deshonestidad e impudicia.

530. Lo que de verdad en cualquier orden de la vida, incluido el eclesiástico, define y le confiere pleno sentido y definición al superior no son las medallas y condecoraciones que ostenta, o puede ostentar, sino su actitud y disposición para servir. Sólo así será y hará feliz a los otros.

531. Muchas son las personas que les hablan bien a los demás... Muy pocas son las que hablan bien de los demás. El fino y difícil arte de hablar bien de los otros es quehacer y tarea todavía inédita para muchos. Tal comprobación aporta elementos decisivos a la hora de juzgar la falta de felicidad que hoy se padece...

532. Sin comunicación no puede haber ni amistad, ni conocimiento, ni reconocimiento de uno mismo y de los otros, ni vida, ni felicidad...

533. Dar, darse, dar con alegría, darlo todo y a todos, darle a los demás reconociendo su propia calidad y categoría de personas... es bella y sublime felicidad.

534. Da la impresión de que en torno a las fiestas de la Navidad todos somos como un poco más felices... Por eso es de desear que la mayoría de los días fueran Navidad. Para ello, basta y sobra con pensar que siempre y en todos los lugares, se está registrando algún nacimiento.

535. Cuando nos preocupamos de que la maleta que nos acompaña por los caminos de nuestra vida esté bien surtida de disponibilidad y servicio, tales caminos lo son también de felicidad, aunque no nos lleven a ninguna parte.

536. Pese al cansancio y al aburrimiento que proporcionan los días iguales, estos pueden resultarnos felices, si logramos percatarnos de que el nacimiento y la puesta del sol, y el color y el brillo de los ojos y del cielo... son siempre distintos y se encuentran en la esfera de nuestra consideración y disfrute.

537. Aporta mucha alegría y felicidad descubrir que algún niño redactó por su cuenta y recitó alguna vez esta oración: «Te pido, Señor, que los malos se hagan buenos y que los buenos se hagan simpáticos».

538. Gracias a que se puede viajar, visitar pueblos, lugares y países, hablar con la gente, reconocer sus costumbres, adentrarse en su cultura, admirar sus paisajes, degustar su gastronomía, sorprenderse ante su historia y leyendas, compartir sus alegrías y tristezas... son muchas más las personas que acrecentaron sus posibilidades de felicidad propia y ajena.

539. El viajero, por viajero, y el turista, por turista, están dotados de elementos y de condiciones más favorables para aumentar el potencial de su felicidad, disfrutar del mismo y hacer partícipes de él a los otros.

540. Felicidad y viaje suelen ser dos amigos que se dan la mano con reiterada frecuencia, haciendo recorridos juntos y muy placenteros.

541. Es mucho más y más consistente lo que puede hacernos felices en la vida, que lo que puede hacernos, y nos hace, infelices.

542. Cuando nos decidimos, por fin y con todos los medios a nuestros alcance, a descubrir el tú de los otros, nos hacemos automáticamente dignos y merecedores de ser más felices.

543. La única donación que canta y salmodia la efectividad y brillo del amor es la donación total de sí mismo... A su salmo le coloca pentagramas la felicidad.

544. Los verdaderos responsables de cuanto pueda relacionarse, para bien o para mal, con nuestra felicidad, somos la mayoría de las veces nosotros mismos.

545. Construir la felicidad es difícil. Destruirla es muy fácil.

546. La alegría hace que los días tengan mayor emoción, contenido y sentido y que erijan una felicidad mucho más placentera.

547. La felicidad no está en pretender y en querer ser, y ser distinto a como son los demás. La felicidad está más en la igualdad que en la desigualdad, pero jamás en la identidad y en la uniformidad.

548. Quienes intenten ser diferentes, porque creen que así son superiores, ni serán superiores ni, por supuesto, felices.

549. La felicidad transciende rayas, fronteras y confines. Por su misma idea y concepción la felicidad lleva dentro de sí movimientos e impulsos hacia lo universal.

550. Con diversidad de fórmulas, en cualquier diccionario de la felicidad se hace imprescindible la referencia a Dios en la búsqueda de la misma.

551. ¡Hay que disfrutar de la vida! La limitación de su aprovechamiento, gozo y felicidad la impone sólo el verdadero bien personal y el colectivo.

552. La felicidad es cosa de todos. Todos estamos convocados en la tarea de merecerla, de construirla, de definirla y de hacerla operativa en sí misma y en la relación con los otros.

553. Jamás llegará a ser feliz, por ejemplo, quien pretenda y haga lo posible por ser distinto del que realmente es.

554. No lleva a la felicidad el afán o el intento de parecerse a otro distinto de quien uno es.

555. Para muchos, la felicidad es algo tan simple, tan barato y sencillo como dormir bien, sin pesadillas y de esta manera poder levantarse y trabajar, equipados de buen humor.

556. La alegría le despeja casi todos los caminos a la felicidad. Con alegría, el ser humano es casi todopoderoso, lo mismo en el ser que en el actuar.

557. Con amor y con alegría se está y se actúa permanentemente, y como por oficio, con felicidad.

558. Pletóricas de verdad son, y están, las palabras que alguien pronunciara con autoridad: «Siempre que hay alegría, hay creación, mientras más rica es la creación, es más profunda la alegría y la felicidad que produce».

559. Son muchas las personas siempre felices y esto a consecuencia sobre todo del llamado «efecto aureola», con el que se identifican su porte y talante entrañable, alegre y hasta elegante, y que así se hacen presentes ante los demás.

560. Además de ser y aparecer como viejos y feos, repelentes y desagradables, lo egoístas aparecen y son infelices.

561. En las circunstancias más inverosímiles, y aun en las desdichadas, lamentables y aciagas, como en las enfermedades, también es posible la felicidad.

562. Para ser feliz tiene que conocerse uno a sí mismo, entenderse y aceptarse.

563. El conocimiento y la correspondiente toma de conciencia y actuación preparan a las personas para ser felices.

564. Sin ser justo, sabio y honrado, en conformidad con la terminología de los clásicos, no es posible ser feliz, también en conformidad con los postulados y supuestos filosóficos.

565. Laboralmente, y tal y como lo sugieren las estadísticas oficiales, la mujer padece un paro mayor en España, su trabajo es más precario

y su sueldo es menor. No obstante, las mismas estadísticas aseveran que, en términos generales, la mujer española es más feliz que el hombre.

566. Cada año, y a manos de esposos, compañeros sentimentales, amantes y otras fórmulas al uso, siempre cambiantes, son muchas las mujeres que resultan maltratadas y aun muertas... ¿Es posible que la mujer, una sola mujer, siga siendo feliz en España? ¿Es explicable que también lo sea algún hombre?

567. Por su propia etimología, el término cónyuge procede del latín «conjungere», que equivale a «compartir el mismo yugo». Compañero procede de «con» y «panis», que exactamente quiere decir «compartir el mismo pan...». A tenor de las apariencias, son muchos y muchas los que se sienten felices compartiendo unas veces el yugo y otras veces el pan.

568. La calle sirve, y es calle porque lleva, o puede llevar, a otra parte, pero, sobre todo en los pueblos, la calle es también sala de estar, lugar de cita familiar o amistosa, pasarela y encuentro... Y es que en la vida, es decir, en la calle, no siempre lo más importante y lo que proporciona mayor felicidad es llegar... Lo es estar, y estar yendo.

569. No se nos enseña a hablar... No sólo gramaticalmente sino, sobre todo, sentida, veraz y afectivamente. Esto explica que la felicidad, ni siquiera cuando existe, apenas si puede transmitirse...

570. No se nos enseña a escuchar. Niños y mayores han de aprender a escuchar por su cuenta y sin arte ni educación, lo que también explica que les sea mucho más fácil hablar y escucharse a sí mismos, que escuchar a los otros... Si no se escucha a los otros, la felicidad busca acomodo en otros lugares.

571. Tanto para que el hablar como el escuchar puedan ser elementos, ocasiones y motivos transmisores de felicidad, es indispensable que palabras e intenciones se sometan al correspondiente proceso de higiene y de técnica.

572. «El amor es un deseo y un apetito de belleza...» Es posible que tal definición del amor se le ocurriera a Lorenzo de Médicis, «Lorenzo el Magnífico» para la historia, o que él mismo la copiara de Dante o de Petrarca. Pero el hecho es que tal frase le es atribuida al Dux Florentino. Pero que conste que la belleza–belleza, clásica por más señas, no está ni sólo ni fundamentalmente en las formas. Está mucho más en los contenidos.

573. «El amor verdadero es el amor a la perfección de lo amado...»

Quienes aman así, harán infinita y entrañablemente felices a los que aseguran amar y, por supuesto, a sí mismos. Pero ¿cuándo, y cómo, con quién o con quiénes podrá ser verdad tanta belleza?

574. «Cosmética» y «cosmos» tienen idéntica procedencia etimológica griega. Los dos términos significan lo mismo «bello, adornado y compuesto», que «perteneciente al mundo». Y es que el mundo es bello de por sí. Como quienes lo habitan, aunque las apariencias a veces manifiesten lo contrario. El mundo es bello y, al ser y por serlo, en él es posible y alcanzable la felicidad.

575. Dado que lo habitual es –se nos hace– imperceptible e insignificante con tanta frecuencia, a consecuencia de la rutina y del poco aprecio y valor con que suelen tratarse las cosas y aun las personas con las que convivimos, de vez en cuando es aconsejable viajar, también con el fin de cambiar de paisajes y hasta de personas...

576. Es tan cierto que lo consuetudinario se nos pasa como desapercibido, sobre todo en las relaciones familiares, que hasta la palabra baladí, de origen árabe, lo mismo significa insignificante, que «lo que es o se hace costumbre». Esto quiere decir que en el diccionario de la felicidad el término baladí no debería tener cabida.

577. Cuando de las personas y de las cosas con quienes convivimos se nos borran el rostro y sus proporciones, por falta de atención por nuestra parte, ni unas ni otras podrán hacernos felices y ni ellas mismas llegarán a serlo.

578. Un simple paseo puede contribuir a descubrir la felicidad y a acrecentarla de modo sorprendente y fijo. Y es que a pie se es mucho más uno mismo, más libre y hasta mucho más alegre. Nada estorba y retiene. Con mayor facilidad la imaginación es mecida por la marcha. Las ideas brotan y se manifiestan más fácilmente a cada paso y la mayoría de ellas son siempre buenas y de libertad...

579. El prisionero romanceaba su tristeza con los versos siguientes: «No sé cuando es de día /ni cuando las noches son...». Y sólo podía atisbar el ritmo del tiempo cuando de vez en vez le llegaba el canto de una avecica. Pero un día «matómela un ballestero, / dele Dios mal galardón». De verdad que es desconsoladoramente triste ignorar a perpetuidad cuando es –y se está– de día y cuando de noche. Pero mucho más angustioso y desalentador es comprobar que fue un ballestero el que mató la avecica que le servía al prisionero de medidor de esperanzas...

580. Cuando se tiene bien presente que la donación que proclama y reclama el amor no es de cosas, sino de personas, el amor es procreador de felicidad.

581. En relación con la felicidad son muchos los bulos, los errores y las falsedades. Pero, por encima de todo, prevalecerá la idea de que tanto el deber como el derecho se han de dar cita en el mismo núcleo de la felicidad.

582. Son muchos los que creen, y así lo manifiestan, que la felicidad es indefinible... Pero, pese a que tengan razón, no es tan difícil descubrir y conocer a las personas que aspiraron a, y hasta consiguieron, ser ciertamente felices.

583. Ya desde tiempos antiguos, y aunque pueda parecer hiperbólico y exagerado, se aseguró que vale más la felicidad, por muy reducida y pequeña que sea, que «una casa llena de oro y de plata».

584. Con voz autorizada y enraizada en diversidad de culturas y de religiones se aseguró en la antigüedad que «no está la felicidad en vivir, sino en saber vivir».

585. Más que en serlo de verdad, la felicidad es, y está para muchos, en hacer que otros crean que ellos son realmente felices.

586. Cuando se busca una felicidad demasiado grande, y hasta desproporcionada a las posibilidades concretas de cada uno, se estorba, dificulta y entorpece aun la misma búsqueda de la felicidad más elemental.

587. ¡Felices aquellos que viven y trabajan convencidos de que la causa fundamental de la felicidad está en hacer el mayor bien, y el menor mal posibles...!

588. No es difícil –si bien, poco efectivo– predicar acerca de la felicidad sólo con palabras. Lo difícil, pero positivo y seguro, es vivir y desvivirse como persona feliz.

589. En el ejercicio y testimonio de la felicidad, más que decir lo que hay que hacer para alcanzarla, lo que importa es referir lo que se ha hecho, y se sigue haciendo, para ser y seguir siendo feliz.

590. Fórmula certera de felicidad es descubrir y estar dispuestos a llevar a la práctica la idea de que ella es obra y conclusión de muchos muchos y a la vez, de muchos pocos.

591. La naturaleza crea y hace a los seres humanos agradables, placenteros y hasta encantadores y, por tanto, felices... Es la vida la que a tantos torna desagradables, antipáticos e infelices...

592. Una comida hablada, intercomunicada, amistosa y feliz sabe mejor, es más nutritiva y alimenta más.

593. Vivir es y lleva consigo descubrir y, a la vez, descubrirse... Uno de los más importantes descubrimientos es el de que todos estamos vocacionados a la felicidad.

594. A nadie le será posible alcanzar gran fama, nombradía y popularidad y, a la vez, sosiego, paz, serenidad y, consiguientemente, felicidad.

595. Todo y todos los que sobresalen de los demás, suelen ocasionar y acarrear más pesadumbres que glorias y honores.

596. A muchos les parece convincente y acertada la definición del hombre feliz, que lo es cuando del mismo no se habla demasiado, ni bueno ni malo.

597. ¿Podrá ser feliz algún día quien no pregunta jamás, bien porque no sabe o porque no le permitieron preguntar?

598. Mucho sentido común y filosofía popular se encierra en el dicho siguiente: «Feliz quien nunca conoció el favor de haber sido acariciado por la fama... Desearla es un purgatorio; poseerla es un infierno...». Otros, no obstante, se consuelan pensando que tanto el purgatorio como el infierno, sobre todo en los tiempos nuevos de la Iglesia post–conciliar, ya no son lo que antes eran.

599. Clama al cielo que cuantos aspiran a la felicidad, que son todos los seres humanos, no se hagan ya percatado de que, al igual que el arco iris, la felicidad no se ve, ni gira sobre nuestra propia casa, sino sobre la ajena...

600. La felicidad se compenetra y confunde con multitud de conceptos... Uno de ellos, y de los más radiantes, inequívocos y resplandecientes, es el de la compresión...

601. La felicidad artificial y amañada, aunque no sea culposa, lo más que consigue es ser sucedáneo de felicidad.

602. Nuestra propia condición de personas demanda a grito limpio, y con toda precisión y claridad, la dimensión social de la felicidad como algo inconcuso y vital.

603. Felicidad y esclavitud son términos incompatibles y contradictorios. Se rehúsan y repugnan entre sí.

604. A quienes piensan que oficialmente hoy ya no hay esclavos, hay que recordarles que son muchos los esclavizados existentes en nuestra sociedad, cuyos amos y soberanos supremos tienen los nombres y apelativos del dinero, de la fama, del poder, del consumismo... La actualización de esta realidad explica que no sean ni demasiadas ni muchas las personas felices...

605. Tanto los esclavos como los esclavizados son candidatos seguros a la infelicidad de por vida.

606. A los antipáticos, aguafiestas, insoportables y desagradables habría que buscarles alguna forma efectiva, siempre democrática, para exiliarlos de la comunidad, dado que por serlo, son y se comportan como

enemigos de la felicidad y, por tanto, de la convivencia.

607. Mirarse responsable y conscientemente al menos una vez al día al espejo, de modo especial por la mañana, puede llevar y conducir a la felicidad. Pero, para ello, al mirarse, habrá de prevalecer la idea de que se está viendo y contemplando el rostro de la única persona responsable de que seamos nosotros mismos felices.

608. Cuando, más que con los oídos, es con el corazón con el que se escucha, tal actitud y actividad lleva a la felicidad.

609. La mayoría de los estereotipos están sustancialmente enemistados con la felicidad, dado que las fórmulas y los formulismos suelen carecer de autenticidad y casi todos ellos son, de una o de otra manera, impuestos.

610. La imitación es fingimiento y bisutería, y es propia de los seres irracionales, por lo que los racionales se tornan con ella infelices.

611. Una definición de felicidad, en conformidad con los clásicos griegos, es la contenida en el término «eupraxia», que quiere decir «estar y encontrarse bien consigo mismo, después de haber actuado del mejor modo posible».

612. En conformidad con la ya clásica definición de felicidad aportada por Boecio, ella es la resultante y «el estado en el que todos los bienes se hallan juntos». Como sería aspiración pretenciosa, exagerada e imposible la de hacer concurrir y concordar todos los bienes, es suficiente con que se hagan presentes los bienes de mayor relevancia y valor en cada aspirante a la felicidad.

613. Entre los componentes que se juzgan imprescindibles para la creación y mantenimiento de la felicidad, se dan como inexcusables los de la coherencia y la fidelidad. No hay felicidad si falta cualquiera de ellos.

614. Parece ser cierto, y lo es, que la meta del hombre en la vida es la de ser feliz... Pero ocurre con reiterada frecuencia que da la impresión de que no es tal la meta para muchos. Son multitud los que parecen empeñados en ser infelices, y muchos más los que se emperran o encaprichan en que también lo sean los demás.

615. Si bien es cierto, por así formularlo la filosofía y por así constatarlo la historia, que la felicidad es vocación universal de los seres humanos, son muchas las personas y muchas las ocasiones que parecen demostrar todo lo contrario.

616. Quienes aseveran que la tendencia a ser feliz está inscrita en la propia naturaleza humana, se olvidan a veces de que, por las causas que sean, algunos raspan, despintan o borran esta tendencia, por muy natural que ella sea.

617. Lo dijo san Juan de la Cruz, en una de las expresiones más veraces y estremecedoramente poéticas que perduran y que recogió la historia de la literatura universal: «En el atardecer de nuestra vida se nos examinará de amor...». El atardecer es la muerte y, en función de la administración que se haya podido hacer sobre el amor, ella habrá de ser tiempo y ocasión a cuyo claror y valoración sea necesario situarse ante la felicidad para descubrirla como tal.

618. ¿Hasta qué punto es verdad eso de que la felicidad inspira y mueve los pasos y las intenciones de los seres humanos, como en el caso, por ejemplo, de la elección del trabajo, profesión y oficio?

619. Las palabras de san Agustín de «feliz es quien tiene todo lo que quiere», se prestan reiteradamente a ser profanadas y prostituidas, como en el caso de que eso de «lo que quiere» incluya, sin más, cualquier aspiración o deseo, y excluye las pretensiones, esperanzas y anhelos, aun los legítimos, de las otras personas.

620. A algunos se les llena la boca pregonando y adoctrinando que «amar y trabajar llevan necesariamente a la felicidad...». Mientras tanto, lo que ellos consideran trabajo con dificultad resiste un examen de validez, y lo que creen que es amor, es otra cosa de la que el amor suele estar siempre ausente, por motivos de pura higiene, pudicia y decencia.

621. Reconforta pensar que, aunque a algunos les pueda suponer desconsolación y abatimiento descubrir que la felicidad jamás será completa, definitiva y perfecta en esta vida, precisamente tal condición podrá suponerles a otros una incitación y un impulso.

622. Descubrir y tomar conciencia de que el ser humano madura sobre todo por el conocimiento de sí mismo y de cuanto le rodea, le aporta a la felicidad un plus de grandeza y de señorío.

623. El llamado diálogo de sordos no hace felices. Agrava, pervierte y aun envilece la relación que debe ser propia de los seres humanos.

624. La palabra educar –del latín «educere»– lleva dentro de sí la idea de que la educación, para que lo sea de verdad, ha de suponer un proceso mediante el cual los educadores se hayan limitado a «sacar» o a extraer del fondo de cada educando cuanto de bueno hay en el mismo, rehuyendo cualquier imposición... De ese fondo y pozo, puede brotar mucha alegría y felicidad, sobre todo cuando se logra que cada cual sea él mismo.

625. «Estar al día» es buen camino para descubrir y alcanzar la felicidad. Una buena y veraz información es indispensable. Pero algunos «no están al día». Están a la mentira y a la noche. Otros ni siquiera están.

626. Conocer con realismo las limitaciones propias y ajenas y, a la vez, las disponibilidades, disposiciones y capacidades de unos y otros, es colocarse en camino de acrecentar el patrimonio de la felicidad entre muchos.

627. Enamorarse hace felices... Son muchas las personas tristes y desgraciadas por no haberse dado cita jamás con ellas el amor y no haberles funcionado los dispositivos del enamoramiento...

628. Son y están tristes, desconsoladas e infelices las personas que no logran descubrir y experimentar que todo enamoramiento lleva dentro el convencimiento de que cualquier proyecto personal no puede llevarse a cabo si no se integra en el mismo a otra determinada persona. Eso es lo que de verdad hace que el enamoramiento sea fuente de felicidad.

629. Cuando los padres lo fueron de verdad y siguieron ejerciendo así su tarea, que por supuesto es distinta de la propia y específica de los procreadores o engendradores, a ellos y a sus hijos les fue dado alcanzar más fácilmente la felicidad...

630. En multitud de ocasiones, la madre agota en tal definición todas o casi todas sus potencialidades. Es madre y ya está. Hasta abandona o limita sus funciones de esposa. A veces, aun las de mujer y las de persona. Más que «ella», la madre es «ellos», es decir, los hijos. De esta forma, no es posible ni ser ni hacer personas felices.

631. A la mujer, por mujer, sea o no sea madre o esposa, le cerca la frecuente tentación de convertirse en monopolio de alguien, corriendo el riesgo de perder hasta su propia identidad personal... En tal contexto difícilmente alguien podrá ser feliz.

632. Pero un día familiar, «el nido se quedó vacío» y la mujer se percató de que, por haber dejado durante tanto tiempo de ser y de ejercer de ella misma, le resultaba imposible hallar los caminos que llevan a la felicidad de la que somos merecedores siempre y de por vida los seres humanos...

633. La felicidad familiar para muchos, y tal vez más para muchas, radica hipócritamente en el dato de que, aunque se les queme su casa por todos los costados de la incomprensión, de la incoincidencia y a veces, de los malos tratos, el humo no salga jamás a la calle...

634. Salvar las apariencias es tarea primordial de muchos y muchas, sin querer percatarse de que ellas son siempre engañosas, por lo que la felicidad, de hacerse presente, también habrá de ser falsa y mentirosa. Es inhumano que tenga que quedar reducida a pavesas tanto la casa, como la misma institución familiar, a cambio de salvar las apariencias.

635. También dentro del recinto familiar el humo está para convertirse en bandera y en grito, que hasta puede ser salvador, si llega a vocear a tiempo lo que no pueden proclamar las mismas palabras, porque no las escuche la gente, no las entienda o, simplemente, porque no quieran oírlas. En estos casos el humo puede ser portador de una cierta esperanza y felicidad.

636. La mujer casada jamás colocará su felicidad en ser llamada y aun tratada como «reina del hogar». La colocará más bien en ser y ejercer de mujer, además, por supuesto, de persona...

637. «Mujer transparente» es la que raramente logró tomar conciencia de que la mirada de su esposo tuvo siempre y por oficio, como meta y destino, su propia figura, anidando en ella el más tiempo posible... La mujer que se sienta, o se crea, transparente no es mujer feliz.

638. Ni en su extensión ni en su tiempo, ni en sus complacencias la felicidad distingue o diferencia al rico por rico, ni al pobre por pobre, en una o en otra dirección e intensidad.

639. A la hora de la consecución de la felicidad, hombres y mujeres son igualmente candidatos a ella y ninguno juega con ventaja. En la relación con la felicidad no existe discriminación alguna.

640. Con claridad, justicia y fijeza hay que pregonar que le felicidad está al alcance de todos los seres humanos, y que además es barata.

641. Hay que vocear igualmente que habrá de ser cada uno quien personalmente corte, hile, teja, y confeccione la felicidad a su propia medida.

642. La felicidad no es cosa de los otros. Es cosa nuestra. Y a su banquete todos los seres humanos están invitados, sin que nadie pueda sentirse desterrado del país en el que ella mora, que es todo el mundo.

643. Más que en recibir, la felicidad–felicidad está en dar. Exactamente igual que el amor, que además incluye darse en el dar, llevándonos a la conclusión de que felicidad es amor y amor es felicidad.

644. La cumbre de la felicidad–amor está en descubrir, experimentar y hacer propia de modo eminente la alegría en la felicidad del otro...

645. ¿Puede haber mayor felicidad que la de poder encontrar, y encontrarse a la vez uno mismo en otra persona, proceso que se lleva a cabo inequívocamente a través del enamoramiento?

646. La formación–información es felicidad o, al menos, la que crea y produce puede ser felicidad a la medida de la persona humana. No obstante, algunos creen que la felicidad está en la nesciencia y en la desinformación, habiendo llegado algunos hasta a versificar la idea de esta manera: «si quieres ser feliz / como me dices, / no analices, mi vida, / no analices».

647. Hay que resaltar con brío y veracidad que, entre tantas causas de muerte como acechan a la felicidad, la ignorancia es una de las más devastadoras...

648. La felicidad no está en la chapuza. Está en la obra bien hecha. Dado que son tantos los chapuceros por profesión u oficio con los que nos encontramos por esos mundos de Dios, no extraña que sean tantos los infelices, que lo son mucho más aun por serlo así en su propio trabajo.

649. Así como cada persona es, y tiene, su argumento, su meta, su aspiración y sus caminos, tiene también su felicidad, que será distinta de la de los otros.

650. Una felicidad programada para ser vivida a plazo fijo y sólo con determinadas personas no es felicidad, o es felicidad manca, defectuosa o incompleta.

651. Jamás podrá plagiarse la felicidad. De la misma cada uno tiene su estampa y su esquema. Y es que la originalidad, por razón de su individualidad, es característica, marca y distintivo de la felicidad.

652. Es fácil y asequible hallar la felicidad cuando se dan estas circunstancias que apuntó san Agustín, Doctor de la Iglesia Universal: «en lo necesario, unidad; en la duda, libertad; y en todo, comprensión amorosa».

653. «Cuando Noé construyó el arca, no estaba lloviendo todavía...» Pero el arca fue construida y la humanidad pudo salvarse y acariciar la posibilidad de ser feliz algún día precisamente gracias a la previsión de Noé, y a su obediencia al mandato de Dios.

654. En nuestras relaciones familiares, profesionales o sociales raramente nos formulamos unos a otros preguntas como éstas: «¿Es usted feliz?, ¿Por qué somos, o no somos, felices? ¿Por qué unos son más felices que otros? ¿Es oro todo cuanto reluce, también en esto de la felicidad? ¿Es explicable que no se nos haya educado jamás para ser felices, y aún más, precisamente se nos haya deseducado para serlo? ¿Por qué a los creyentes no se les nota que, por serlo, habrá de ser mayor la cuota de felicidad que les corresponde? ¿Por qué los creyentes no dan más explícitos testimonios de felicidad, dando la frecuente impresión de que son y están más tristes que los mismos increyentes?

655. Si no nos preocupamos, y nos ocupamos, de la felicidad ajena, no nos será dado conseguir y acrecentar la nuestra.

656. De modo similar a como el diálogo conduce y lleva a la felicidad, su falta conduce y lleva a la infelicidad y, en casos frecuentes, hasta a la muerte, de modo muy particular dentro del recinto familiar.

657. Las palabras–palabras vivifican, fecundan, alegran, son vida, fortalecen y reaniman... Su falta siembra de muerte los caminos por los que hemos de transitar en el ejercicio de la definición de personas...

658. Cuando se mueren las palabras, lo mismo que cuando enferman y se las interpreta mal o al revés, a los pensamientos y a los sentimientos les resulta imposible ser transmisores de mensajes de felicidad.

659. Habría que prohibirles ser y ejercer de padres y de educadores a quienes no son felices, al menos en la práctica de su profesión y ministerios familiares.

660. Son muchas las personas que se consideran gravemente afectadas por el llamado «síndrome del desencanto político» y que, por lo tanto, no son felices. Tal desencanto afecta asimismo a quienes de alguna manera conviven con ellas. En un contexto democrático, ese desencanto es mucho más grave, porque apenas si puede esperarse ya un cambio de signo...

661. La imaginación es, a veces, la única salvadora de la felicidad en el ámbito familiar o social... Pero no hay que echar en olvido que la imaginación también tiene sus límites y que sobrepasarlos puede tornarnos mucho más infelices...

662. La felicidad es y contiene una acusada tendencia centrífuga de dentro hacia fuera, cuya dirección jamás deberá ser desviada.

663. «No puedo vivir contigo sin ti...» La frase hace referencia expresa e inteligible al hecho de que la persona a la que ha de amarse habrá de mantener siempre su propio tú, dado que, de perderlo o de mermarlo, no será ya quien es –tú–, sino tan sólo una parte, lo que imposibilitaría la felicidad de uno y de otro.

664. Educar a los hijos en un clima de felicidad, comprensión y alegría es tan necesario para su desarrollo integral como pueda serlo servirle siempre una comida equilibrada, a poder ser de la dieta mediterránea, y que no le faltara en su tarjeta sanitaria ninguna de las vacunas prescritas.

665. Los fines de semana, correctamente programados y aprovechados, le aportan a los miembros de cualquier familia una considerable y provechosa ración de felicidad. No obstante, hay fines de semana que a los propios familiares les suponen perturbadores tormentos, entre otras razones, por que no saben qué hacer con el tiempo libre...

666. La impreparación para el ocio es de tal rango y condición que son muchas más las personas tristes e infelices durante los días de vacación y de holganza, que las alegres y felices.

667. Tanto durante los tiempos dedicados al ocio como en la jubilación son muchos los que se sienten infelices por la innegable e incontrovertida razón –aunque con apariencias de contradicción– de que, además de a trabajar, ni supieron ni se les enseñó a hacer otra cosa...

668. Más amigos que de sus propios padres, muchos hijos lo son de su televisor o de su ordenador. Mientras que con los primeros apenas si saben estar o dialogar, con los citados aparatos los hijos mantienen conversaciones y trato constantes, placenteros y felices.

669. No es posible que sin diálogo haya matrimonio. Aunque una firma haya pretendido fraguar y consolidar canónica o civilmente un proyecto de vida estable en común, si el diálogo no se hizo, ni se hace, presente, de tal matrimonio hay que aseverar que no lo es, o que no está consumado...

670. El diálogo hace al matrimonio, por sí mismo y por la felicidad que lo determina y define. Los hijos lo son de verdad, si los engendró y formó el diálogo, para cuya expresión no son las palabras los recursos y medios más efectivos. El principal instrumento es el amor y la mutua satisfacción, alegría y felicidad que conlleva.

671. Es feliz quien espera, y eso le insta a confiar en el futuro, y acrecienta la posibilidad de alcanzarlo, aun contando con las dificultades que podrán acompañarle en su recorrido.

672. Es mucha la felicidad que se logra y merece cuando el vivir fue afrontado como un arte, y sobre todo cuando, como tal arte, hombre y mujer decidieron hacerlo juntos, no sólo viviendo, sino conviviendo.

673. Proporciona inmensa tristeza comprobar con tanta asiduidad y desacato, que el término «amor» es uno de los más adulterados, manipulados y falsificados que se registran en los diccionarios, por lo que raramente es referencia consolidada de felicidad.

674. Pese a tantos y a tan científicos conocimientos y saberes que hoy se tienen acerca de la sexualidad y el ejercicio de sus órganos en chicos y mayores, puede asegurarse que ni hay más felicidad en el encuentro íntimo e interpersonal, ni que ésta resulte ser más satisfactoria y humanizadora que en otros tiempos, en los que la llamada educación sexual apenas si había surgido y aparecido en los manuales de la educación escolar.

675. Son muchos los subproductos del amor y de la felicidad que se nos ofrecen en la actualidad que, por tal condición, resultan ineficaces y malversadores.

676. A la superficialidad en la variedad de expresiones y representaciones le son erigidos hoy muchos monumentos, que jamás podrán ser ni presentarse como motivos, testimonios y argumentos de felicidad.

677. Entre tantos fundamentos, soportes y bases sobre los que la felicidad se establece y erige, hay que prestarle especial atención a los proporcionados por la personalidad equilibrada y por la seriedad y consistencia de su correspondiente proyecto de vida.

678. Desdramatizar es un arte y también una ciencia... Quien pueda aseverar que logró domeñar la dramatización y moderar y templar sus efectos, hasta convertirla simplemente en desdramatización, su contribución a la felicidad y a la convivencia es muy meritoria.

679. Los dramatizadores incapaces de aminorar la importancia de la mayoría de los problemas, son enemigos públicos de la felicidad y merecerían ser desterrados.

680. ¿Se les enseñó, por fin, a los educandos que el instinto sexual habrá de estimarse también, y sobre todo, en cuanto que puede ser y es también instinto social?

681. ¿Se proclamó con idéntico sentido del deber y justicia, que por ejemplo, lo sexual está a punto de llegar a ser la nueva locura de los tiempos presentes, así como la necesidad de la humanización del sexo denunciándose la avalancha de inmaduros sexuales que pueblan aún las mismas camas de parejas y de matrimonios?

682. Caballerescamente feliz se sintió Don Quijote de la Mancha, el Caballero de la Triste Figura, cuando pronunció esta solemne y meritoria verdad: «Podrán los encantadores quitarme la aventura, pero el esfuerzo y el ánimo en ella puestos no me los quitarán jamás...».

683. Un buen esquema al que ajustar el de la felicidad personal y colectiva es el que el filósofo griego Platón describe con estas palabras: «No puede andar bien un pueblo si en él no hace cada uno lo suyo». Aunque, en ocasiones no resulte fácil descubrir qué es lo que a cada uno le compete hacer, la mayoría de las veces es cosa fácil.

684. Fue asimismo Platón quien filosofó de esta manera: «La nobleza en el hombre es sobre todo un privilegio de obligaciones...». Y es que la verdadera felicidad propia de la persona y de las colectividades, está exactamente en el cumplimiento de las obligaciones, más que en la reclamación de los derechos.

685. Se es y se hace feliz cuando se habla convencido de que a aquel a quien se le dirige la palabra se le está diciendo o manifestando algo y ese es alguien... Y es que con frecuencia se nos olvida que hablamos por decir y manifestar algo y que aquel a quien nos dirigimos es

ciertamente alguien, es decir, otra persona.

686. No hay felicidad mutua si no se conocen y se reconocen entre sí las personas. Ésta es la razón por la que a veces es justificable alejarse un tanto de ellas, para ganar perspectiva, mirarlas y admirarlas.

687. La alegría es el pertrecho más útil y eficaz para descubrir la vida, tanto la propia como la ajena, en profundidad y con su contenido... Sin alegría no hay conocimiento que pueda estimarse como interpersonal, convencidos siempre de que, tanto conocimiento como alegría, son componentes supremos de la felicidad.

688. Mientras que a unos entristece, a otros hace desbordantemente felices descubrir y experimentar que en el placer sexual todo o casi todo es esperanza, prolegómeno y después recuerdo...

689. La compañía no siempre es compañía, por lo que no torna felices a sus protagonistas. En multitud de ocasiones la compañía es séquito, grey, procesión, servilismo o comparsa.

690. La soledad, lo mismo puede ser academia en la que se reciben efectivas y adoctrinadoras nociones para ser y ejercer como compañeros, que para practicar el acompañamiento gregario. La felicidad de la soledad radica en el primer supuesto y jamás en el segundo.

691. Muchos son y ejercen de por vida como precursores de calamidades propias y ajenas. Ni ellos mismos son ni hacen felices y, por supuesto, raramente aciertan.

692. Son también muchos los que se pasan la vida sólo o fundamentalmente esperando el futuro... Y éste siempre o casi siempre se les presenta muy negro... Pero al final acontece en la realidad, que no fue tan negro, o que ni siquiera existió tal futuro y que, aun con cierta frecuencia, les resultó ser a la hora de la verdad mucho más esplendoroso que el mismo presente.

693. Cuando se logró aquistar el hábito de la paciencia en relación con nosotros mismos, con los de nuestro alrededor y aun con las cosas y acontecimientos, la felicidad se nos hizo la encontradiza en multitud de ocasiones.

694. Hay muchas personas que, necesitadas de valoración ajena, se pasan toda la vida penando y en estado de infelicidad permanente. La única solución se halla en columbrar y en estimar la propia valoración personal, que hasta puede ser la más desinteresada y veraz.

695. Jamás podrá ser feliz ni el hombre ni la mujer, ni siquiera en el momento cumbre de su encuentro sexual, cuando uno u otro, o los dos, llegaron al convencimiento de que dieron, pero no se dieron, ni se entregaron a sí mismos...

696. Si es realmente verdad, como lo es, que la vida vacía ni es ni podrá ser habitáculo de felicidad, es también lógico que la felicidad tenga tan recortadas sus alas... Y es que son muchas las vidas vacías cuya referencia es posible encontrar en los Registros Civiles.

697. Si «prudente» es aquella persona que conoce y que se informa convenientemente hasta alcanzar la capacidad para obrar en conformidad con la realidad, es obvio llegar a la convicción de que tienen que ser y son muchos los infelices, al ser tantas las personas imprudentes.

698. En realidad, muchos y muchas trabajan constantemente, pero no por aportar a sus respectivas familias medios para cubrir sus necesidades, apetencias o apariencias y ni siquiera para conseguir eso que se llama «realización personal»... La razón veraz y decisiva no es otra que la de espantar el aburrimiento...

699. Muchos y muchas trabajan con tanto ahínco, empeño y fervor sobre todo por satisfacer su orgullo personal... Administrado y ejercido de esta forma el trabajo, éste no hace a nadie feliz.

700. Carentes de la formación requerida, a muchas personas les falta el peso real y específico que se precisa para ser y sentirse feliz...

701. A la luz del Evangelio no resulta ni sensato, ni serio, ni veraz, ni cristiano definir la vida simplemente como «un valle de lágrimas».

702. Las monjas del monasterio de las Madres Dominicas de Loeches, panteón a la vez de la Casa de Olivares y de Alba, en la Comunidad Autónoma de Madrid, veneran a la Virgen con el título gozoso y feliz de «Santa María del Buen Humor», que es una de las advocaciones más cristianas que pueden idearse y proclamarse y con la que invocar a la Virgen.

703. El desinterés y la despreocupación por ser feliz y por contribuir a que lo sean los demás hiere de muerte la convivencia entre los seres humanos.

704. El amor y el trabajo son parte esencial del capital humano que hace ricos en felicidad, tanto a quienes los practican, como a quienes de alguna manera se benefician de uno y de otro.

705. En la Sagrada Escritura se predica que «la tierra está desolada, porque no hay nadie quien medite en su corazón...». Y es que la meditación, reflexión e introspección nos abrillantan los ojos y hacen encontrarnos con nosotros mismos y nos desvelan las posibilidades de felicidad que tenemos por nuestra condición de seres humanos.

706. En el lenguaje noble, diáfano y preciso de quienes libremente manejan términos inviolados y limpios, se llama «prudente» a aquel que sabe qué y cómo tiene que hacer y actuar en cada caso. Es feliz quien así se comporta.

707. A la mujer le es indispensable la mirada del hombre... Ella es su vestido, aureola, respiración, caricia, cobijo, mano extendida, ala acogedora, estímulo, ayuda en el camino, premio y descanso... Ella –la mirada– hace feliz a quien es mirada o mirado, de la misma forma que a quien mira, y mucho más, si al mirar, también admira...

708. Hombre o mujer que no se sepan y no experimenten ser mirados por una o por otro, son seres huérfanos, incluseros o expósitos.

709. La responsabilidad es bandera de hidalguía y nobleza, además de colofón y síntesis de definiciones humanas. La responsabilidad edifica y forma la persona. La irresponsabilidad la destruye o al menos demuestra su inconsistencia, deleznabilidad y ruina. Los irresponsables no serán nunca felices.

710. Aunque la improvisación pueda ser para algunos cuna y venero de felicidad, es mucho más racional, y humana la programación y previsión en la vida... La felicidad que pueda originar la improvisación es inconsistente y muchas veces, falaz.

711. Pese a que los teólogos y filósofos escolásticos fueron unos señores tan gravedosos, tan cuitados y severos, subrayaron con rigor metafísico que uno de los atributos específicos del ser humano es el de la «risibilitas», capacidad o aptitud de reírse.

712. Huelga decir, aunque en realidad sea tan difícil llevarlo a la práctica, que la risa no es risa sin felicidad, y que ésta no lo es si falta aquélla.

713. Para que la mirada sea y haga feliz y felices a aquellos con quienes se convive, ha de hacer, entre otras, las funciones de puerta, de palabra, de luz, de sala de estar, de pasarela, de puerto, de estrella y constelación, de espejo y cristal, de conversación, de manantial y de lluvia, de brazo y de abrazo y, además, de pregunta y respuesta.

714. Dar y darse de verdad a los otros, produce gozo inefable, paz y equilibrio interior y torna la vida placentera y feliz.

715. Son muchas las personas que ni siquiera pudieron atisbar en el horizonte de sus vidas una esquirla de felicidad, a consecuencia de no haber sido jamás educadas para dar y darse a la vez.

716. A los mezquinos, roñosos, cicateros, agarrados y tantos otros títulos que encierran la idea de tacañería, aunque pretendan justificarlo con falaces razones, no les será posible olisquear la felicidad.

717. Para alcanzar y disfrutar de la felicidad en esta vida y en la otra, el emperador Carlos V se retiró al monasterio jerónimo de Yuste, explicando y fundamentando a su manera su decisión en estas palabras: «Para serenar el tiempo pasado, reconocer la miseria del presente y proveer la incertidumbre del futuro».

718. El apacible, el sereno, el sosegado y el que no se turba con facilidad ni física ni moralmente, tiene ganado ya mucho camino en su búsqueda de la felicidad.

719. Para que la vida lo sea de verdad, ha de estar sometida a cambios. Pero tales cambios incluyen sorpresas, alegrías, esperanzas, y riesgos. Multitud de riesgos. Pero no hay que olvidar que todos estos elementos son a la vez constitutivos de la felicidad.

720. No son pocos los hijos que no se percataron de que sus padres se habían separado judicialmente hasta pasados varios meses, porque no les extrañaron sus ausencias, dado que en casa apenas si vivieron alguna vez vida de familia. Es éste un dato extremada y justificadamente triste.

721. Aun en la sociedad en la que vivimos y en la que tantos alardean de divulgar y ovacionar proclamas de igualdad, los pobres siguen siendo pobres y los ricos, ricos, y no es fácil que miembros de familias ricas se matrimonien con los de los pobres, por muy señero, acreditado y probado que sea el amor... En estos ámbitos, y en ocasiones, también la felicidad se abre paso en canciones como ésta: «Anda, ve y dile a tu madre, / si no me quiere por pobre, / que el mundo da muchas vueltas, / y ayer se cayó una torre».

722. Es tan reconfortante como objetivo descubrir e intentar vivir la realidad de que la felicidad es felicidad, también y entre otras cosas, porque tiene definiciones plurales y porque para cada uno de sus posibles candidatos a lograrla hay fórmulas eficaces y concretas.

723. «Perturbar, trastornar e inquietar» es una de las acepciones de uso más frecuente que ofrece la palabra castellana alterar, en cuya raíz semántica se halla el término «alter», que en latín quiere decir «el otro». Y es que, cuando no somos nosotros, sino que somos, o nos volvemos, «los otros», perdemos nuestra identidad y nos tornamos inquietos y perturbadores.

724. Hay caminos que llevan a la felicidad y a la vez, esos mismos caminos son ya parte de ella.

725. El camino–felicidad lo es, sobre todo, a consecuencia de la notable capacidad de esperanza con que cuenta quien lo inicia y quien, por fin, decide recorrerlo.

726. Son muchas las palabras que se identifican con otros tantos mensajes de felicidad... Hay palabras que son y saben a besos, son mariposa y luciérnaga, mano extendida, aire sereno y brisa de mar... La palabra –tarjeta de identidad personal– hace salvadoramente felices, pero a la vez, puede hacer irrecuperablemente infelices.

727. Por diversidad de razones que justifican nuestra propia condición humana y varias ciencias antropológicas, entre ellas la psicología, no es raro descubrir la felicidad y apropiarse de ella en camino y yendo, y no cuando ya se llega a la meta, aunque tal meta haya sido conquistada con todos los merecimientos...

728. Refieren y resaltan los antiguos y sagrados libros indios que, dondequiera que pone el hombre la planta de sus pies, pisa automáticamente cien senderos... ¿Hay mayor y más responsable felicidad que la de saber que a una planta del pie le pueden esperar no sólo cien, sino más esperanzadores senderos y caminos?

729. «Nuestra Señora del Descontento» es la advocación con la que la Virgen se deja ser invocada con fe y religiosidad. Pese a lo raro, extraño y chocante de la advocación, es consolador y feliz pensar que también los descontentos tienen expeditos caminos de gracia y de salvación.

730. Da mucho que pensar el principio formulado por algunos filósofos asegurando que la cultura hace a los hombres amigos y que es la naturaleza la que los torna hostiles y enemigos... Otros filósofos y educadores se inclinan a creer que es la Naturaleza la que engendra, hace nacer y forja a los hombres amigos y que lo que llamamos cultura indispone y enemista a unos con otros. Con una u otra explicación, y estudiando las consecuencias, a la felicidad le costará mucho esfuerzo abrirse camino.

731. «Pleonexía» es término griego que se le aplica, y define también la vida, por incluir ésta necesariamente aumento, crecimiento o mejoramiento... La vida, por tanto, es desarrollarse y crecer. Lo mismo que lo es la felicidad.

732. La felicidad raramente se regala. Se merece, y se elabora. Y, al igual que tantos otros bienes fungibles existentes en el mundo, la felicidad es de quien la trabaja.

733. Excepcionalmente, gratuidad y felicidad van de la mano, por lo que con suma dificultad configurarán una relación efectiva y veraz. La felicidad no es un don gratuito o gracioso.

734. Quienes apenas si movieron un dedo para alcanzar la felicidad e integrarla en su patrimonio personal, familiar o social, no tienen derecho a quejarse de no ser y sentirse felices.

735. Tan importante es para la vida propia, como para la ajena, la presencia y actividad de la felicidad, que en la colectividad no se habrán de escatimar medios por parte de «quien o quienes corresponda» para su asentamiento.

736. Más que un estar, la felicidad es una situación o estado.

737. Siendo sensatos, es justo reconocer que en la actualidad y, por causas muy variadas, no resulta fácil llevar a la práctica «ser lo que se es», por lo que son más bien pocos los que engrosan de verdad la nómina de las personas felices.

738. Cuando después de grandes esfuerzos, y poniendo en actividad su entendimiento y su voluntad, alguien llegó a ser «uno mismo» siempre y en todo, se capacitó inicialmente para doctorarse en felicidad... y en felicidades para sí y para los demás.

739. Si al alma se le prestaran atenciones similares a las que se les proporciona al cuerpo, la felicidad sería mucho más completa y estable y a medida de los seres humanos.

740. Para muchos, y por diversidad de motivaciones sobre todo de orden político, la felicidad está en «pasar página», tal y como reiteradamente alegan... Para otros, la felicidad sigue estando en «pasar página», pero siempre y cuando antes ellas hayan sido leídas y aprendidas...

741. Vivimos y nos movemos en un mundo de ídolos y de modelos... Los medios de comunicación nos los fabrican, nos los forjan o cincelan y así nos los presentan. Quienes aspiran a ser como ellos, y son muchos y muchas los que alientan esos deseos, no serán nunca felices.

742. Causa infinita tristeza, infortunio e infelicidad percibir cuáles y cuántos son precisamente los modelos, figurines y arquetipos que nos son ofrecidos y por los que somos estimulados para poder contentar nuestras aspiraciones como seres racionales.

743. Causa inagotable tristeza no tener actualizada la idea y el convencimiento de que, además de los defectos propios, los imitadores tienen asegurados los defectos ajenos, es decir, los de aquellos que intentan reproducir o plagiar.

744. Resulta reconfortador averiguar por la historia que, en la mayoría de las culturas, el huésped y el forastero tenían como un carácter divino, estando la práctica de la hospitalidad tan generalizada, enaltecida y considerada como causa y fundamento de felicidad.

745. En un planteamiento filosófico y teológico básico y sencillo, Dios se nos muestra como idea, manadero y eje de felicidad. Cualquier otra representación de Dios que no se relacione, ni relacione al hombre con la felicidad, no es idea cristiana.

746. Argumento supremo, decisivo y concluyente en la búsqueda y definición de la felicidad es el de que Dios se deja poseer por el hombre para hacerlo feliz, como si fuera él mismo también más feliz entonces.

747. Cuando los seres humanos son y ejercen con intensidad mayor

como hombres o mujeres felices, participan en mayor proporción de la misma felicidad de Dios.

748. Todas la felicidades que de alguna manera conformen el patrimonio y peculio de los seres humanos están subordinadas a la felicidad absoluta de Dios.

749. Desde lo absoluto de su Ser, Dios es medida amorosamente generosa y certera para la felicidad de los seres humanos.

750. Tanto y tan mal acostumbrados estamos a quejarnos de lo que nos falta, que deberíamos celebrar y alegrarnos de cuanto nos sobra, sobre todo cuando nos comparamos con otros.

751. Clama al cielo que seamos, y hasta nos manifestemos, infelices, sin pensar que con cuanto tenemos nosotros, y aun con cuanto nos sobra, muchos podrían ser realmente felices.

752. La felicidad es también fruto, resultado y producto del sueño... La felicidad también está en el sueño. Pero lo que ocurre con desaprensiva y desenfrenada frecuencia es que no sabemos soñar...

753. Siendo cierto, como lo es, que hay felicidad y felicidades de las que podemos disfrutar gracias precisamente al sueño, es también cierto que hay personas que jamás participarán de ellas, por la razón de que no sueñan, sino que sólo o fundamentalmente aprovechan sus noches para hacer lo que saben, es decir, roncar...

754. A la facultad que tiene el hombre de bastarse a sí mismo, pero sin perder de vista que su destino es el descubrimiento del «otro», Aristóteles la llama «autarquía», advirtiendo que así, de esta manera, está llamado a la felicidad.

755. No obstante, el mismo Aristóteles filosofa que, cuando bastarse a sí mismo excluye la existencia del «otro» y alimenta y estimula el orgullo y la autosuficiencia, la felicidad se escabulle y deserta de la familia humana...

756. Sobre todo por medio del trabajo, del amor y del entendimiento, el ser humano se asemeja al Dios creador, cuando recrea el mundo profesional o laboralmente mediante la entrega a la labor que le fuera confiada... Entonces el hombre es sustantivamente feliz.

757. En este contexto de creación-recreación, y con el convencimiento de que la mujer es aún más creadora de la vida por su naturaleza y por su cuidado, que el mismo hombre, no es incongruente afirmar que la capacidad para ser feliz es mayor en ella que lo es en el hombre.

758. Son muchos los que certifican y atestiguan con toda clase de razonamientos y que contemplar la vida con ojos de mujer hace y nos hace aún más felices.

759. Hay que recalcar una y otra vez que el hombre no sólo está en el mundo, sino que está en el amor. Y, además de estar en el amor, lo está y pudo estarlo gracias al amor. Le asisten, por tanto, todos los derechos para ser feliz...

760. El mundo es tarea y vocación de los seres humanos, a consecuencia de la armonía y belleza que él puede alcanzar y a lo que por sí mismo tiene derecho.

761. Si faltara el amor del mundo universo, o de nuestro propio mundo, éste no sería para nosotros casa, morada u hogar. Sería, a lo más, yermo o eriazo.

762. Sólo gracias al amor, el mundo –nuestro mundo– irradia calor y con él difunde y esparce la felicidad.

763. Causa felicidad comprender que, en ocasiones, por fallarnos la voz, o porque no les llega a otros la nuestra, gracias a la de los demás podemos ser escuchados, convenientemente atendidos y aún salvarnos.

764. En los tiempos gloriosos de la nobleza española, en no pocos blasones de sus respectivos escudos y en su lema o leyenda, campeaba la idea de la exultante felicidad que identificaba a los miembros de la casa, por nobles, desde el convencimiento familiar de que «la tristeza es condición propia de los villanos». Además de habitantes de una villa, villano quiere decir también «rústico, descortés, ruin, indigno e indecoroso».

765. La felicidad está reñida con cualquier actitud, decisión o señalamiento de aparentar aquello que no somos ni tenemos. Quienes no se ajustan a regla tan sagrada, unos corren el riesgo de dar pena y otros, –los más– de dar risa...

766. No son pocos los que se pasan la vida –toda la vida– dando pena y como pordioseándoles a los demás una limosna de lástima y de compasión, cuando en realidad disponen de bienes y razones incomparablemente más válidas que aquellos de quienes mendigan.

767. ¡Cuánta, cuán fina, exquisita y sublime felicidad entraña la consideración de que «poner el dedo sobre el cuerpo es tocar el cielo con la mano...»! Huelga explicar que a la percepción de tal regocijo, disfrute y satisfacción, no están todas las personas llamadas, a consecuencia sobre todo de que la sensibilidad requerida para ello no suele ser, desgraciadamente, patrimonio de muchos.

768. Son y hacen felices aquellas personas –no muchas– que por un privilegio especial están como dotadas para derramar luz allí dondequiera que se hacen presentes o ponen sus manos.

769. De algunos de los pueblos prerromanos de España se aseguraba que no podían vivir sin tener enemigos y que un alto índice de la felicidad de quienes los componían radicaba precisamente en tenerlos y en que fueran estos muchos, valientes y hasta feroces... Con otras fórmulas tal vez no tan incivilizadas, hay que reconocer que todavía muchos dan la impresión de que para conseguir ser felices, han de tener enemigos y si éstos, con razón o sin ella, no fueran posibles, habrían de inventárselos.

770. Para poder existir y ejercer como tal, la felicidad reclama que aquellos sobre quienes se asienta, estén radicalmente contentos y a gusto con su propia piel, es decir, con lo que son y cómo son.

771. Algunos miden el tiempo por sus respectivos relojes. Otros, por sus nóminas. Otros, por sus amores. Otros, por sus cuentas corrientes. Otros, por sus conquistas en las guerras o guerrillas de cada día o de cada afán... Hay algunos que aprendieron a medirlo sólo por los latidos de su corazón y éstos suelen ser felices, al menos, más que los otros.

772. Algunos están o se ponen inmensamente tristes, y hasta llegan a lamentarse de que «nunca una flor duró dos primaveras...». Otros, no obstante, con sensatez, ponderación y sentido de la realidad y de la historia, y sabiendo de muy buena tinta que la flor es flor gracias a que no puede durar ni siquiera una primavera, miran y admiran la flor y son y se sienten felices.

773. Y es que a la flor, de modo similar a como les ocurre a algunas personas, le basta y le sobra con una primavera, para haber sido y ser fuente y símbolo de felicidad.

774. El maridaje de felicidad y dinero en el que muchos colocan la aspiración para ellos y para los suyos, no es indisoluble. Son muchos los divorcios que entre ellos se registran.

775. Dinero y felicidad no se matrimonian ni para siempre, ni en todos los casos. Aun más, diríase que ya desde el primer momento en el que se ennovian, se vislumbra en el horizonte una posibilidad de ruptura...

776. La relación felicidad–dinero tantas veces proclamada, enaltecida y ambicionada es un auténtico fraude, una mentira, una falacia, un infundio, y una patraña.

777. Es muy feliz quien, al serlo, se percató de que ni aun su propia felicidad le corresponde a él en exclusiva...

778. Son muchos los que olvidan que lo mejor que se puede hacer a favor de aquellos a quienes amamos, o decimos amar, es poner de nuestra parte todo cuando podamos, y aún más, por ser nosotros mucho más

felices, con lo que contribuiremos a que también ellos lo sean, sin descartar que tal felicidad jamás podrían alcanzarla por otro camino distinto del nuestro.

779. No se nos educa para la felicidad y menos, haciéndosenos ver que ella –la felicidad– es un derecho y un deber de los seres humanos, por lo que en el aprendizaje de nuestra vida a todos los niveles habrá de estar muy presente.

780. Para los antiguos japoneses, se representaba la felicidad no por uno, sino por varios dioses... y todos ellos configuraban su valor y su idea: Ebisu representaba la pesca; Daikoju, la riqueza; Benteu, las bellas artes; Fukurokuju, la popularidad; Biskaman, la guerra; Jurojin, la longevidad y Hotey, la jovialidad. Siete dioses o diosecillos y un solo Dios que era y es la felicidad...

781. La vida se les torna insoportable a muchos y, por lo tanto, irritantemente triste, por carecer del sentido del humor en sí mismos y en quienes les rodean.

782. Para poder vivir con felicidad es altamente apreciable y reputado poseer y acrecentar el sentido del humor.

783. Los problemas inherentes a la vida no tienen por qué ser, de por sí, obstáculos para la felicidad. Ni la contradicen, ni se contraponen a ella.

784. Si la felicidad consistiera fundamentalmente en el bienestar físico y en ser y estar inmune a las preocupaciones, es posible que se llegara a la conclusión de que fuera declarada como el ser más feliz una vaca americana, hasta ahora también exenta de la fiebre aftosa y de cualquier atisbo de locura...

785. Sobre todo a las personas mayores no les hacen felices las cifras y las cantidades, tan frías de por sí que confunden y agobian y que están expuestas a tantas interpretaciones. Las atenciones y las caricias es lo que las hace felices. Éstas no confunden ni engañan.

786. Como «pasión quita conocimiento», y como es tanta y tan diversificada la pasión que puede detectarse en tantos comportamientos humanos, es obvio que una de sus conclusiones sea la falta de felicidad.

787. Se presenta como principio cierto e inconcuso el de que «los hijos no sólo se tienen, sino que nos tienen». Esto quiere decir, entre otras cosas, que la felicidad de los padres no estará en tenerlos, sino en pensar que ellos –los hijos– tienen a su propios padres.

788. Como es tan manifiesto y patente que los padres tienen los hijos que tienen, y éstos no pueden ser cambiados por otros, no resulta serio pensar lo felices que son otros padres con los hijos que tienen. Aparte de que

tal cambio no sería posible, la felicidad que se cree, no siempre es verdad, sino todo lo contrario.

789. Ser y ejercer de hembra, y no de mujer, ni a veces de esposa y, frecuentemente ni siquiera de persona, hace desahuciadamente infelices a muchas mujeres y, consecuentemente, a todos los hombres.

790. Digno de recordación perpetua y de reconocimiento activo es este consejo: «Sed mejores y seréis más felices».

791. Es trágico llegar a la conclusión de que son muchas más las personas que buscan con ahínco mayor impedir que los demás sean felices, que llegar a serlo ellas mismas.

792. El amor es meta y destino de felicidad y de felicidades.

793. Una de las tareas de las que con mayor facilidad prescinden padres y educadores es la de enseñar a mirar a sus educandos e hijos, por lo que a unos y a otros se les priva de una buena medida de felicidad. Mirar, mirarse, mirar desde y hacia dentro y hacerlo desde perspectivas distintas, con ojos propios y también con los ajenos, hace sabios y prudentes y, por tanto, felices.

794. Un argumento palmario e incontrovertible de felicidad tiene presente este principio: «Lo que merece ser hecho, merece y reclama que se haga bien».

795. Otro principio de felicidad, acuñado además con argumentos pletóricos de actualidad por su condición ecológica, es éste: «La Naturaleza y sus recursos son hontanares de vida y, por lo mismo, de felicidad».

796. De la felicidad personal de cada uno depende en gran parte la de quienes forman y conforman el mundo en el que nos movemos, somos y estamos.

797. Impresiona llegar al convencimiento de que podemos tener y tenemos solamente la felicidad que hemos dado o que damos.

798. Entre tantos argumentos y razones de que disponemos para ser felices, destaca el de la esperanza... Ella es además su espacio y su tiempo.

799. Entre tantas definiciones y valores con los que se identifican los seres humanos, es preciso resaltar que uno de los más importantes está en función de lo que crea realmente que es su felicidad y en el modo de llevarla a la práctica.

800. Si es verdad aquello de que «cuanto más posee el hombre, menos se posee a sí mismo», es alcanzadizo llegar a la conclusión una vez más de que dinero y felicidad no componen ni establecen una pareja duradera y reconfortante.

801. Es de gran utilidad y provecho descubrir que, en el campo de influencia de la felicidad, acontece frecuentemente que las cosas más pequeñas resultan ser las más grandes. Precisamente todo lo contrario de lo que a veces se cree y de lo que en otras esferas de la vida acaece.

802. Aunque la guitarra y la predisposición familiar y social a salmodiar la alegría no proporcionan de por sí felicidad, al menos la llama, la emplaza y la convoca.

803. La felicidad exige y presupone tener abiertos los ojos. Con los ojos cerrados no es posible ni siquiera simbolizar la felicidad. Tampoco así es justicia la justicia.

804. De algunos –pocos– se dijo que coleccionaron luceros y fueron felices ellos y los suyos... Tales luceros procedían y se identificaron con miradas de niños, con rasgos de amistad, con saludos y consideraciones a las personas mayores, con recuerdos amables, con caricias, con compromisos y expectativas de esperanzas...

805. Jamás podrá ser feliz una mujer que, con tanta frecuencia y en la práctica, sienta que se la define sólo o fundamentalmente por su sexo.

806. La recompensa más atrayente y seductora a la que aspira el agua, pese a su insensibilidad y baratura, es a la de saciar o satisfacer la sed del sediento.

807. Nos fue creada y se nos dotó de alma, para que la tuviéramos siempre de pie, vigilante y activa, con entrega y disponibilidad, y raramente sesteando y despreocupada. Convencidos de ellos seremos y haremos felices.

808. La felicidad es también, y de modo prominente, sexo. Pero no es solamente sexo, aunque algunos así lo crean y hasta lo quisieran.

809. Produce más felicidad la acción de comer cuando se efectúa en compañía y el verbo latino «edere» –comer se convierte en «comedere»– «comer con», de donde proceden las palabras españolas «comensal» y «comedor».

810. Tal y como son presentados, y hasta creídos, ciertos estereotipos sociológico–familiares, el hombre está definido sobre todo por la iniciativa o la fuerza. La mujer lo está por la pasividad y ternura. Vigentes todavía éste y tantos otros estereotipos es explicable que muchos y, sobre todo, muchas, no sean tan felices como quisieran y como además se merecen.

811. Muchas son las tristezas y, en ocasiones, hasta las tragedias que producen los «roles» y sus correspondientes aplicaciones a los hombres y mucho más aún a las mujeres, todavía con aplauso de algunos y con consentimiento de muchos.

812. Definiciones tales como «salida higiénica» o «deber conyugal» aplicados al sexo y a su ejercicio, han hecho y hacen a muchos y a muchas desesperadamente infelices.

813. Convertirse en «desaguadero del cuerpo» o en «débito», por muchas bendiciones y contratos legales que hayan sido establecidos, el sexo, sin amor, difícilmente crea y suministra situaciones de felicidad.

814. Entre personas, el sexo no es –no debiera ser– ni más ni menos que un compromiso de felicidad personal, es decir, interpersonal.

815. Nadie puede ser insensible al dato y al hecho de que el paro es una de las enfermedades sociales más generadoras de infelicidad que hoy se registran, y que deberán poner también tristes a quienes de alguna manera lo consientan.

816. Una vida no ocupada, sobre todo si es a consecuencia del paro, ni es ni hace felices, con mención preferentemente sobre todo para la familia.

817. Contribuir de verdad, aunque cada uno con sus fuerzas y limitaciones, al desarrollo integral personal y ajeno, equivale a empeñarse y empeñar la vida en la tarea de la felicidad.

818. De modo similar a como lo es la vida, la felicidad es un proyecto y ensayo de expansión hacia el infinito. Acordonarlo y acotarlo constituye un contrasentido, con graves incidencias en la felicidad.

819. Aun con la mejor de las intenciones, fueron y son muchos, y a todos los niveles, los «libertadores» que bien pronto se convirtieron en «esclavizadores», y de sus promesas de felicidad tan sólo fueron ellos partícipes.

820. Es feliz, y no dejará nunca de serlo, aquel que creyó y practicó firmemente que «la libertad está en poder hacer todo aquello que no perjudique a los otros».

821. Todos alcanzaríamos ser soberanamente felices si nos convenciéramos de que el «otro» es la limitación para nuestra libertad.

822. La felicidad puede existir y, a la vez, coexistir, en la vida y en todos sus sectores y planos, y tal convicción y certeza habrá de contribuir a hacernos aún más felices.

823. Sabio principio, y muy hacedor de felicidad perdurable, es el de «nunca te burles del pájaro atrapado en la trampa...». Y es que aves y pájaros somos o podemos ser alguna vez todos en la vida, y trampas y tramposos hay muchas y muchos.

824. No obstante, y como la ingenuidad candorosa se echa a volar con frecuencia por tantos lugares, es de elemental prudencia referir que la felicidad jamás habrá de encontrarse en la trampa, aunque ella se vuelva contra quien la ponga.

825. El estado de inocencia no equivale a estado de felicidad. Y es que aun los propios Estados –sus gobernantes y sus allegados o representantes– intentan a veces mantener la idea de que, mientras menos sepa el pueblo, menos querrá poseer y por lo tanto, será más feliz.

826. Inocencia y felicidad al modo sociológico y político no se avienen ni se amoldan entre sí. Son enemigos irreconciliables, aunque son muchos los que pretenden que firmen entre sí y para siempre, al menos un pacto de no agresión.

827. El inocente e ingenuo no tiene por qué ser ignorante. Es y debe ser feliz no por ignorante, sino por inocente o ingenuo.

828. Las palabras son elementos esenciales en la construcción de la casa–familia, de la sociedad, de la Iglesia, del Estado, de los ayuntamientos... Son su cimiento, paredes y techumbres. Son luz y calor. Sin palabras los seres humanos estarían condenados a vivir a la intemperie, no pudiendo jamás ser felices.

829. La ausencia de palabras destruye las casas–familias, la sociedad, la Iglesia, los ayuntamientos, el Estado... y, por supuesto, torna infelices a sus moradores...

830. Siempre y cuando la riqueza sea administrada con sabiduría y con sentido de alteridad, ella puede ser surtidero caudaloso de satisfacciones personales, es decir, de felicidad.

831. La infancia suele definirse pedagógica y familiarmente como la verdadera patria del hombre. Una infancia feliz es garantía de felicidad inmarcesible.

832. La infancia es la cuna mejor en la que se mecieron los hombres que después, y en sus profesiones y estadías, se sintieron y se consideraron personas felices.

833. Si es cosa excelsa y agregia aprender a morir, aceptar la muerte con decoro y con dignidad le roba el considerable fragmento de infelicidad que posee, por muerte, abandonar esta vida para comenzar a otear el horizonte misterioso, ignoto e incierto, del más allá. Desde tal valoración, la felicidad sigue siendo posible para sus protagonistas, incluidos también los familiares y amigos.

834. No complicar ni enmarañar las cosas sencillas, sino hacer cuanto sea posible, y aún más, por simplificar las complicadas, es norma pulcra, aseada e inteligente de acrecentar la felicidad.

835. La verdad y la belleza se emplazan y apalabran indefectiblemente al borde de la sencillez... Precisamente allí, donde antes lo hizo la felicidad.

836. Todos los matrimonios que fueron sólo o fundamentalmente otros tantos contratos, de por sí y ni siquiera por equivocación hicieron felices a los contrayentes, pese a que en alguna ocasión manifestaron serlo los propios familiares.

837. Los matrimonios no definidos, inspirados y ejercitados por la mutua integración, la alteridad y el diálogo, es decir, por el amor, no alcanzarán a ser felices aunque sus protagonistas se empeñen en ello.

838. Al pequeño mundo en el que nos movemos y somos, le sobran hombres y mujeres con pretensiones de ángeles, en la misma proporción a como le sobran hombres y mujeres con ambiciones o pretensiones de bestias... Ni en un caso ni en otro será posible la felicidad.

839. A medida que se abren los ojos y se piensa con criterios propios de adultos, se llega a la conclusión de que a nuestro mundo le faltan hombres–hombres y mujeres–mujeres, y que en tal carencia está parte de la explicación por la que la nómina de las personas felices resulte ser y estar tan rebajada.

840. Si no divierten, entretienen y recrean los hombres y las mujeres que llamamos felices, es lícito, y aún obligado, llegar a la conclusión de que la felicidad no era auténtica, sino un sucedáneo, un plagio o un remedo.

841. Cuando la felicidad crea y recrea es de por sí más felicidad.

842. Es ociosa, vana e insustancial la pregunta que muchos les formulan a otros acerca de si son o no son felices... Más que preguntar o contestar tal pregunta, lo que importa es trabajar por ser y hacer felices.

843. Uno de los axiomas más claros, pero a la vez, más malaventurados, relativos a la felicidad, es el de percatarse que existen más personas que son y se dicen desgraciadas por carecer de lo superfluo, que por faltarles lo necesario...

844. Para una gran cantidad de personas, su felicidad la ponen y está mucho más en prohibir que en condescender, tolerar, «pasar por alto» y acceder. Da la impresión de que, cuando no tienen nada que prohibir, no son felices...

845. En el libro sagrado del Talmud, elegante y generoso por una sola vez con las mujeres, se lee lo siguiente: «El que no toma mujer se queda sin felicidad y sin gozo, sin bendición y sin ley, sin muralla y sin alegría...».

846. Arriesgarse y atreverse son posiciones, actitudes, y motivos que también se hallan en el fontanal de la felicidad.

847. Para la instalación y desarrollo de la felicidad se hace preciso con frecuencia la intervención y el protagonismo de espíritus atrevidos y audaces.

848. La felicidad es y está en la esperanza de lo inesperado.

849. También en el atrevimiento, en la decisión y en la intrepidez encuentra la felicidad formas y maneras de hacerse venturosamente presente y con cánones y normas inéditas.

850. Los brazos de un hombre o de una mujer son cuna y regazo. Causa y origen. Embrión y nacimiento... Cuando un ser humano puede verazmente decir alguna vez en su vida «vengo de tus brazos», tendrá siempre libre el acceso a la felicidad.

851. Los brazos y los abrazos son vocación y camino para los seres humanos, y por ellos y en ellos hallan la posibilidad de ser felices.

852. Si se quiere alcanzar la felicidad, es condición indispensable estar dispuestos a tratarnos bien a nosotros mismos, con la seguridad de que ni el cuerpo es enemigo del alma, ni ésta del cuerpo.

853. Alma y cuerpo constituyen la unidad del ser humano, vocacionado para lograr la felicidad propia y ajena, desde el convencimiento elemental y comprometedor de que él –como ser humano– no está compuesto de alma y de cuerpo, sino que es alma y es cuerpo.

854. El amor descubre, inventa, crea y acrecienta la felicidad. Es su motor principal, firme y perseverante.

855. Amor y felicidad se identifican y confunden, y no se dan por separado.

856. Al amor, entre tantas y tan bellas definiciones y descripciones, le corresponde en grado eminente la de que «es diálogo de donación de dos vidas, la de quien ama y la de quien es amado, y viceversa».

857. Al mundo y a quienes habitamos en él en calidad de terrícolas, por ahora, nos hace intensamente felices saber y experimentar alguna vez que la única razón de la vida de quien ama es su posible y total donación al otro.

858. Es norma fundamental en la etiología de la felicidad la comprobación de que la felicidad madura al compás y siguiendo el ritmo con el que lo hacen las personas, lo mismo las mujeres que los hombres... Al ser el índice de madurez tan precario en unos y en otros, salvo honrosas excepciones, no es de extrañar que la felicidad ni se dé ni se perciba con largueza.

859. La luz, por sí y por el simbolismo que entraña, es y reporta satisfacción, color, alegría y felicidad... Con sombras no se puede vivir. Se muere.

860. Más que de lo que nos falta aunque esto sea mucho, la felicidad depende, y en mayor proporción, del cultivo, atención y capacidad de administración con la que nos comportemos ante lo que ya tenemos.

861. La obra humana por excelencia, y en la que todos deberemos estar empeñados y comprometidos, habrá de ser la felicidad.

862. Si la felicidad dependiera de lo que nos falta, serían muchos –todos– los seres humanos esencialmente infelices.

863. La personalidad está íntimamente ligada a la felicidad, pero siempre y cuando aquélla tenga peso y equilibrio, e incluya un proyecto de vida en el que hombre y mujer se encuentren a sí mismos y se realicen como tales, sobre todo a través del trabajo.

864. Muchos tienen todo o casi todo y no son, o apenas si son, felices... ¿Les falta algo, o lo que pasa es que se faltan, o ni siquiera se tienen, a sí mismos?

865. Si nos decidiéramos a descubrir lo que realmente nosotros y los nuestros tenemos y lo administráramos con sensatez, moderación, tino y sentido de la proporción, tendríamos que sentirnos inmensamente ricos y con multitud de posibilidades de lograr la felicidad.

866. En la mayoría de las ocasiones, circunstancias y situaciones, somos nosotros la medida de nuestra propia felicidad.

867. Si la serenidad es la capacidad de mantenerse en su quicio y no salirse del mismo, ni aun en medio de las adversidades e infortunios, la felicidad depende en gran parte de ella.

868. Es triste tener que llegar a la conclusión de que la mayoría de las personas con las que nos relacionamos normalmente, y con tantas otras más, están, se presentan y actúan, enfadadas, malhumoradas y hasta cabreadas consigo mismo y con los demás... Por supuesto que ellas no podrán aspirar a insertarse en la nómina de las personas felices.

869. El drama del llamado «niño feliz» del que se asegura que lo es porque no le falta nada, hasta se hace presente con frecuencia en los medios de comunicación con ribetes cruentos.

870. Aunque alguna vez lo pueda ser y lo sea, la felicidad no es ni sólo ni fundamentalmente «cosa de camas».

871. Porque la Naturaleza es grande en las cosas grandes y es más grande aun en las cosas mucho más pequeñas, nos puede ser presentada como adoctrinadora de la felicidad.

872. El placer, por placer, no habrá de ser objeto y sujeto de prohibición como tantas veces ocurre, aportando para ello incontables razones. No sólo hay que consentirlo, sino alentarlo, santificarlo y redistribuirlo.

873. «Donde una puerta se cierra, otra se abre...». Con seguridad que esto nos ha ocurrido numerosas veces y la infelicidad y tristeza que produjo el cierre de la primera, quedó sobradamente compensada con la apertura de la otra puerta.

874. Explana y esclarece los caminos de la felicidad averiguar y tener en cuenta que vale más sembrar una nueva cosecha que seguir llorando por la que se perdió...

875. «Nadie es más que nadie» y nadie tiene derecho a creerse superior a nadie, por lo que la «pedestalización», o rito y práctica de erigir pedestales, es indecorosa la mayoría de las veces. Y es que en el pedestal nadie puede ser feliz y menos pretender que lo sean los demás.

876. Si la Biblia, o la Sagrada Escritura, no contribuye a que seamos mucho más felices, es porque o no sabemos leerla, o porque nos enseñaron a leerla e interpretarla al revés.

877. Contribuye a que seamos y nos comportemos un poco más como personas felices, cuando recordamos aquella apócrifa bienaventuranza familiar y doméstica: «Dichosos los planetas que no tienen satélites, así en la tierra como en el cielo». Y es que tener que moverse y andar de por vida, o por una temporada, alrededor de otros «por ser vos quien sois», no podrá hacer a nadie feliz.

878. Torna a unos inmensamente tristes, y a otros increíblemente felices, tener siempre presente que «cuando no se piensa lo que se dice, es cuando se dice lo que realmente se piensa».

879. Afrontando y tomando la vida como efectivamente es, sin engaños, sin exageración y con comedimiento, no es ella tan mala y tan infeliz como creen y dicen algunos.

880. Con poca imaginación de que se esté dotado y, a la vez, con la indispensable dosis de buena voluntad que se les supone a los seres humanos es posible disfrutar de frecuentes y reconfortantes situaciones de felicidad. Y es que, quien tiene imaginación, puede sacar de la nada un mundo.

881. Cuando Dios puso fin a su obra creada, vio que todo lo hecho por Él era bueno, tal y como narran los libros sagrados. La Naturaleza, obra soberana de Dios, se identifica con su misma felicidad esencial y, por tanto, con aquella de la que podemos participar los seres humanos.

882. La propia imagen de Dios –feliz y felicidad– se espejea y manifiesta con fidelidad y sin equivoco alguno en la Naturaleza.

883. En tiempos antiguos eran muchos los que se retiraban a lugares apartados y en plena naturaleza, para encontrar allí a Dios con certeza y fiablemente. También hoy no pocas personas sienten monástica o eremíticamente la llamada de la felicidad con fórmulas y modalidades naturales o ecológicas.

884. Quienes están educados para la Naturaleza provocan y acrecientan sus contactos con ella, la pasean y la viven y, en definitiva, se creen

y hasta se llaman «sentidores» de la Naturaleza, suelen ser mucho más felices.

885. La felicidad–felicidad da siempre por supuesto que nada de lo que es humano puede reducirse ni exclusiva ni fundamentalmente a número o a cantidad.

886. Se encuentra ya en la cúspide de la felicidad, o está en camino de alcanzarla indudablemente, quien se mereció descubrir que la felicidad no es otra cosa que sentirse bien uno consigo mismo, al margen, o por encima, de ser hombre o mujer, pobre o rico, casado o soltero, torpe o listo...

887. No es exageración alguna recapacitar y a la vez, proclamar, que sembrar con felicidad y para la felicidad es tarea propia de dioses.

888. El mundo –todo el mundo–, y tal vez más el que nos rodea y en el que nos movemos y somos, tiene hambre insaciable de felicidad, lo mismo que de paz y de pan.

889. Pero en cualquier sembraduría de felicidad, y su correspondiente cosecha, hay además que sembrarse también a uno mismo, sobre todo sabiendo que si el trigo que cae en los surcos no se pudre, no podrá convertirse jamás en cosecha. Sembrar sembrándose es fórmula cabal que presagia las más feraces cosechas.

890. Son muchos los accidentes de automóvil, aun mortales, a los que la única explicación técnica y científica que se les encontró fue la falta de felicidad que entonces padecían los respectivos conductores.

891. Siendo verdad que cada uno conduce como vive, y siendo igualmente verdad que son muchas las personas que padecen gravemente de falta de felicidad, no es de extrañar que sean tantos, y tan graves, los accidentes de tráfico que día a día se registran.

892. Aprender a conducirse, equipados para ello de la indispensable cultura de la felicidad, evita tantos o más accidentes de tráfico que el aprendizaje y la oportuna actualización y respeto de las normas dictadas por la Dirección General correspondiente.

893. Educarnos para bastarnos lo más posible a nosotros mismos es fórmula de felicidad, pero siempre y cuando se sea suficientemente humilde y sensato para recabar la ayuda de los otros, cuando sea menester.

894. En una ocasión filosóficamente feliz, Aristóteles proclamó que «la naturaleza hace siempre las más bellas y mejores cosas», apostillando también que «ella nunca hace nada sin motivo».

895. La felicidad del enamoramiento añade un plus a la felicidad, sólo por el hecho de añadirle a tal actividad, actitud y situación un plus de humanidad, transcendida y refulgente.

896. Cuando es y está de verdad enamorada la felicidad refuerza la idea de la otra persona, transfiriéndola en ideal, reforzando para ello los conceptos de su personalidad, su humanidad, su sentido de alteridad, su capacidad para compartir y para participar...

897. Lo que se llama «yoyear», que es un verbo que se identifica con conjugar de por vida, con ocasión y sin ella, las palabras «yo» y «mi», jamás llevará a la felicidad ni a los sujetos activos y mucho menos a los pasivos.

898. En la actualidad son muchos y muchas quienes no escatiman medios para buscar modelos y arquetipos de la felicidad en las llamadas «revistas del corazón» olvidando que es intento vano y falaz.

899. El empeño en imitar comportamientos, actitudes y formas de felicidad en otras tantas vidas vacías, ficticias, volátiles, ilusorias e inventadas por exigencias del márketing, resulta inhumano y enemista a cualquiera con la felicidad que así merezca llamarse.

900. Además de candidatos infelices de por vida, quienes crean en la veracidad del «piensa mal y acertarás», se comportan como inhonestos e injustos, además de no poder descartar los tratamientos terapéuticos propios de los enfermos mentales.

901. La felicidad está inevitablemente reñida con quien por hábito o sistemáticamente piensa mal.

902. Es el ejercicio de la sexualidad donde y cuando se pueden registrar más actos de egoísmo y donde y cuando éstos tienen y suponen una mayor desconsideración y entristecimiento.

903. El egoísta en un ser asexual o contra–sexual. Está como emasculado. Los egoístas inconsuman el matrimonio, que habría de ser declarado nulo ante cualquier autoridad que se precie de tal y crea un deber actuar al servicio de la felicidad, de modo especial cuando su marco es la intimidad.

904. Mucha felicidad contiene la expresión «no cantamos porque nos sentimos felices, sino somos felices porque cantamos». La relación canto–felicidad la salmodió expresamente el mismo san Francisco de Asís advirtiendo que «el fraile no debería poseer más que su arpa».

905. Una clave singularmente importante para la felicidad, tanto personal como colectiva, se encuentra en el contenido del pensamiento siguiente de procedencia oriental: «No blasfemes contra Dios por haber creado el tigre, antes bien debes agradecerle no haberle dotado de alas...».

906. No nos dejan o apenas si dejan huella y menos de felicidad los días pasados sin amor... Por el contrario, un día de amor, o con amor, vale por dos o por más y su huella es plácidamente imborrable.

907. Uno de los marcos mejor labrados en el que resalta luminosamente la felicidad es el «nosotros», cuando es fruto y consecuencia del «yo» y del «tú», gracias a la generosa y procreadora intervención del amor.

908. Como todo o casi todo puede romperse en la vida..., también puede romperse y se rompe el amor. Pero que conste que el amor y su felicidad jamás se habrán de romper «de tanto usarlo», tal y como desnaturalizada, absurda y falazmente coplea la canción. La felicidad y el amor no lo rompen el uso, sino el abuso y, por supuesto, también la rutina.

909. Más que algo, la felicidad es alguien, y normalmente con su nombre y sus apellidos. Concebida así, tiene y es vida la vida, puede hacernos compañía y troquelarse a nuestra medida.

910. La felicidad es, tiene y pone a nuestra disposición las características propias y específicas de las grandes fiestas.

911. Es de pública utilidad aseverar y tener siempre presente que cada persona habrá de aspirar y posesionarse de felicidades distintas. Y es que la felicidad ni es igual ni la misma para todos. Ella es tan personal, que es intransferible e inimitable...

912. La felicidad puede pasar y pasa por multitud de caminos... Pero pasará siempre por dentro de nosotros mismos, que a su vez, seremos su meta...

913. No se es feliz desde fuera. Se es feliz desde dentro. La felicidad que venga de fuera corre el riesgo de ser imaginaria y ficticia.

914. Si uno no se encontró todavía consigo mismo y no experimentó la alegría y el gusto de haberlo hecho, con todas las ventajas y satisfacciones, que no culpe a los demás de no ser ya feliz. Sólo él es el culpable.

915. «Los versos y la poesía de los sentidos» son artículos de primera necesidad en la sublime justificación de lo que se llama «hacer el amor», que por cierto, más que hacerse, se da o se nos da, se recibe o merece.

916. Son tantos los puentes que se caen y tantos los terremotos que registran los sismógrafos, tantas las guerras declaras o no declaradas, tantos los accidentes de tráfico y tantas y tan raras las enfermedades que, sin sentido y sin ejercicio de la misericordia, hoy no se puede vivir, si no se contribuye de alguna manera a que aun así, sean felices algunas personas.

917. La felicidad depende, y dependerá aún más el día de mañana y en gran parte, del cuidado y trato que se le preste a la Naturaleza.

918. La felicidad es la coincidencia más plena y libre posible de nuestro propio «yo» con sus circunstancias.

919. Los descontentos por educación–deseducación, por carácter o por cualquier otra circunstancia, habrán de apurar cuantos remedios tienen a su alcance para dejar de serlo y estarlo. Una de las advocaciones de la Virgen a la que pueden encomendarse será la de «Nuestra Señora del Descontento», con su ferviente y humilde petición del «ora pro nobis».

920. En la luz de la primera aurora de la humanidad se unieron los términos «tengo» y «te doy», entrenzaron sus brazos a modo de cuna y en ella apareció y comenzó a mecerse la felicidad.

921. Hay personas que se cuidaron de crear y acrecentar la capacidad de conciliar, ensamblar y unir, mediante las fórmulas al uso en los sectores diversos de su convivencia, rechazando aquellas otras fórmulas de disgregación, desunión o distanciamiento... Se trata de personas comprometidas de verdad con la felicidad.

922. Alguien dijo que se necesitaba más de un día para dar la vuelta a una persona... No en uno, sino en muchos días apenas si nos podemos aproximar al conocimiento veraz de una persona, si bien no nos privamos de juzgarla, y además y casi por sistema, formulando juicios condenatorios o desaprobadores. Ni juzgadores ni juzgados podrán así considerarse felices.

923. Los apresuramientos, las precipitaciones, las imprudencias y las irreflexiones, y más cuando se trata de emitir juicios, no son caminos de felicidad. Lo son de injusticias y arbitrariedades.

924. No hay laboratorios que puedan fabricar píldoras de felicidad. Y es que la felicidad ni se fabrica ni se sirve en píldoras. Se sirve en principios y éstos son –tienen que ser– siempre ciertamente genéricos y activos.

925. La felicidad es y está en algo tan simple, tan humano, tan humanitario, y a la vez, tan barato, como en dirigirle a otros unas palabras de reconocimiento y de ánimo.

926. Le abren el grifo a la felicidad aquellos que tienen coraje y arrestos para mirarse a sí mismos, descubrir sus propios defectos e intentar corregirlos a la luz del bien de los otros.

927. «Ver, juzgar y actuar» son pasos decisivos en la construcción del edificio de la felicidad, y consecuentemente, en el de la propia formación personal.

928. Resulta sorprendente curioso, y en cierto sentido contradictorio, que el trabajo pueda ser para unos fuente de incomodidades, fatigas y

molestias, y que a la vez la falta de trabajo lo sea igualmente, aunque en grado aún más eminente.

929. No todas las personas llegan siempre a descubrir y a comprender las lágrimas de flores blancas que ha de derramar el almendro para con ellas presagiar y anticipar la primavera...

930. La vejez, con su correspondiente fardo de aflicciones y tristezas, comienza justamente cuando los recuerdos llegan a pesar tanto o más que las propias esperanzas, por mucho que nos pongamos en pie y por mucho que nos restreguemos los ojos para ver más y mejor.

931. Es principio perceptible y evidente en la historia personal de la felicidad el de que cuanto más se dé, mucho más se tiene.

932. Quienes colocan su alegría, su dicha y su satisfacción recontando el dinero acumulado, vuelven a perder el tiempo que emplearon también en ganarlo...

933. Para muchos, y acertadamente, la felicidad está en el progreso de la civilización, pero siempre y cuando tal progreso lo sea y se efectúe principalmente en la esfera de la cooperación.

934. Sigue teniendo plena y universal vigencia la consideración de que «vale incomparablemente más un hombre insatisfecho que un cerdo feliz». Algo que parece tan claro y patente no siempre se comprende y mucho menos se lleva a la práctica.

935. Resulta difícil gozar y disfrutar de algún bien como reclamamos y nos corresponde a los seres humanos, sin un compañero o compañera...

936. Uno de los motivos y principios más decisivos en el organigrama del hombre o de la sociedad infeliz es el consumismo. Con él no se alcanza la satisfacción. Comprar por comprar, arruina y aburre. Perturba y aturde, y hasta hace perder el juicio...

937. Todas las cosas, y en proporción similar, pueden contribuir a hacernos reír o a hacernos llorar. Más que de las cosas, la felicidad depende de nosotros mismos y de nuestras circunstancias.

938. Es de gran utilidad a la hora de decidirnos a ser feliz y de poner los correspondientes medios saber que el límite entre el dolor y la felicidad es muy delicado, sutil, vago e impreciso, resultando a veces su frontera hasta imperceptible...

939. Actualizar frecuentemente la idea de que el ser humano, como tal, es algo sagrado para el hombre, alcanzando los mismos linderos de lo divino, es acicate y estímulo en la construcción de la felicidad propia y ajena.

940. Saberse parte y miembro de un gran cuerpo, y que éste se identifica nada menos que con la humanidad, equivale a estar ya a punto de descubrir las raíces profundas del árbol de la felicidad, sobre todo desde la perspectiva de la relación existente entre ésta y la corresponsabilidad.

941. De modo semejante a como ocurre con todo lo que se relaciona con el espíritu, también respecto a la felicidad, lo pequeño es lo más grande y majestuoso que existe.

942. Por encima, o al margen, de tantas otras definiciones y valoraciones, cada ser humano es lo que son sus virtudes y lo que son sus defectos. Ellos y ellas son su principal patrimonio.

943. En los tiempos actuales en los que apenas si existen las palabras y en los que no hay ocasión de descubrir e identificar a las personas, llegar a haber sido o a ser destinatario de palabras elimina o limita cualquier posibilidad de infelicidad.

944. Son muchos los que encontraron el camino facilón, y expedito de la felicidad limitándose a colocar en los otros los defectos propios, en contra de toda justicia y de toda sensatez.

945. No son pocas las personas que viven –malviven– inmensamente tristes, por tener que hacerlo como huérfanas de palabras, por no habérselas nunca dirigido nadie, o porque no supieron escucharlas...

946. Causa infinita tristeza llegar a la conclusión de que muchos y muchas creen que los oídos apenas si sirven para algo más que para percibir los ruidos del tráfico y los de la televisión, pero no las palabras que esperan con necesidad y añoranza.

947. Aunque sean tal vez muchos los que no estén de acuerdo y opinen lo contrario, la vida es también un paraíso. Un paraíso en el que es posible alcanzar la felicidad y además sin grandes esfuerzos. Lo que pasa es que no todos lo saben y no todos están dispuestos a poner algo de su parte por lograrlo.

948. Son muchos a quienes se les puede aplicar el calificativo de desgraciados, si bien la razón fundamental radica en que ni ellos mismos saben que lo son por no tener conciencia de ello, o porque aún no se les descubrieron caminos para ser felices.

949. El secreto de la vida, y la correspondiente felicidad que lo acompaña, no consiste sólo en vivir, sino también en conocer para qué y por qué se vive.

950. Muchos tienen todo o casi todo, pero les falta la esperanza, por lo que el capital de su felicidad es tan reducido.

951. Para ser felices, en conformidad con los más elementales principios demandados y supuestos por el hecho de ser hombres, es indispensable pensar... Antes y después de haber reconocido verdad tan básica, es preciso observar que, más que pensar, no son pocos a los que «les piensan» los que piensan por ellos.

952. Unos son y se dicen felices por el hecho de no haberse equivocado jamás... Otros lo son y se dicen felices, porque se equivocaron una y muchas veces, por la sencilla razón de que equivocarse es de humanos y porque equivocarse es también propio de quienes actúan y trabajan y no de los que se cruzan de brazos.

953. Por miedo a perder, o a no aumentar la fortuna que puede contabilizarse en cifras y en números, son muchas las personas que se pasan la vida sufriendo y penando.

954. Además de ser verdad que la sonrisa es el idioma universal de los seres inteligentes, también la misma fortuna–felicidad suele llamar con mayor insistencia a las puertas de quienes sonríen.

955. Es verdad que existe siempre en la vida de cada persona una puerta por la que pueden entrar tanto la felicidad como la desgracia... Pero también es verdad que nosotros mismos, y no otros, somos los poseedores de su llave.

956. Un consejo tan valioso como ilustrativo y fidedigno es éste: «Hay que disfrutar lo mismo de lo que somos que de lo que tenemos...».

957. Es hombre radicalmente feliz, y no por delegación, quien puede decir «yo soy», y no, por ejemplo, «mi padre fue o es».

958. Apenas si pueden siquiera aspirar a ser felices aquellas personas que, por las circunstancias que sean, no tienen amigos... A lo más, que podrán aspirar será a tener súbditos, jefes y, en última instancia, hasta admiradores o admiradoras, según.

959. En cualquier reflexión acerca de la felicidad se llega a la conclusión de que ésta –la felicidad– jamás podrá ser, ni decir «¡basta!».

960. Son muchos los pasos que hay que dar en el camino de la educación para la felicidad... Todos los que hay que dar para la educación integral, y también algunos más.

961. Huelga decir que Dios no sería justo y, por tanto, no sería Dios, si de las cosas tan importantes como hay en el mundo como es la felicidad, sólo pudieran participar y ser poseedores los ricos por ricos, los pobres por pobres, o los listos o torpes, por torpes o por listos.

962. Cualquier persona medianamente inteligente alcanza a descubrir que la felicidad está en el «quiero» y en el «deseo», pero no en el «desearía» o «quisiera».

963. A muchos no les resulta fácil creer firmemente lo que quiere decir el filósofo griego Platón cuando proclama que «el amor es como una locura..., pero que, además produce y lleva al conocimiento». Están de acuerdo con lo de la locura, pero no con lo del conocimiento.

964. El convencimiento y la prueba de que sin ayuda ajena es muy poco lo que se puede aprender hará que muchos alcancen una buena parte de la felicidad que hasta entonces les era tan esquiva.

965. En la historia de las culturas aparece bien claro que la felicidad es cita y aspiración para todos, aunque es verdad que ella se ofrece y presenta en esquemas y proyectos distintos.

966. Por las tierras de acreditada solera de Castilla era frecuente escuchar esta arrogante y comprometida frase: «Nadie aquí es más que nadie». Quienes estén decididos a hacer suya y a protagonizar esta frase serán profundamente felices, aunque tengan problemas.

967. Como «a lo loco» no es ni norma, ni forma, ni estilo de vida... tampoco lo puede ser, ni lo serán de felicidad,...

968. Aunque la cortesía no tiene hoy, sobre todo en algunos sectores, buena prensa, o no tan buena como en tiempos anteriores, la felicidad es cortés y este término significa atento, comedido y afable.

969. Fue san Francisco de Asís quien manifestó con toda claridad que «la gracia de Dios está en la cortesía», que según el diccionario no es otra cosa que la «demostración o acto con que se manifiesta la atención, respeto o afecto que tiene una persona a otra».

970. No es ni sensato, ni juicioso, ni prudente condenar al ostracismo la idea de que la cortesía lleva a la felicidad, es felicidad en sí misma y a muchos les abre su puerta...

971. Resulta tan patente que la paciencia triunfa en toda empresa mejor que la misma fuerza, que es innecesario resaltar que también por esta razón la felicidad anida con mayor frecuencia, complacencia y satisfacción en la paciencia que en la fuerza.

972. Entraña una luminosa y activa felicidad la constatación de que muchas cosas que no podrían vencerse, se conquistan poco a poco, pero con tesón y longanimidad.

973. Los impacientes no solamente espantan a quienes de alguna forma conviven con ellos, sino que también ahuyentan y aun atemorizan a la misma felicidad. Ésta, con suma dificultad podrá convivir con los impacientes que ejercen como tales en la familia, en la profesión, en las carreteras, en el aprovechamiento del ocio, en sus relaciones sociales...

974. Además de ser poseedores de considerables dosis de mal humor, los impacientes, tal y como aseveran los estudios, suelen ser inconstantes y apáticos. Esto equivale a decir que la felicidad levanta el vuelo de aquellos lugares en los que los impacientes practican tal condición.

975. Son muchas, muy serias y muy experimentadas las razones que hay para concluir que la impaciencia está reñida de por vida con la felicidad.

976. El simple, y aún lejano, contacto con la Naturaleza, nos descubre que el fruto no madura en un solo día. Ni la espiga llega a su plenitud en un solo día. Esta lección tan natural le hace pensar a cualquiera que el enjundioso fruto de la felicidad tampoco puede precipitarse ni ser consecuencia de un exiguo y hasta fugaz paso del tiempo.

977. Son muchos los que dan la impresión de querer ser felices, siendo grandes, como si estuvieran convencidos de que la grandeza es como la madre de la felicidad y de todas las felicidades. Desde tal convencimiento, sólo parece importarles en la vida ser y aparecer como grandes, o al menos, más grandes que aquellos de los que están rodeados.

978. Sorprende que la educación o las circunstancias no hayan ya convencido a muchos de que la felicidad ni está en lo grande, ni tampoco en lo pequeño. Está en lo «regular», es decir, en aquello que «es conforme y se ajusta a la regla» dictada o impuesta en primer término por el sentido común.

979. Para ser feliz de verdad es imprescindible limitar o domesticar términos y adjetivos como «desmesurado», «incalculable», «descomunal», «grandioso» e «inmenso». Estos términos rebasan la medida humana y son, de por sí, inasibles.

980. Una de las fórmulas de felicidad más operativas, eficaces y, a la vez, cristianas, recomendadas en cualquier manual de ascética, es ésta: «Haz todo como si dependiera sólo de ti, pero de tal forma que creas y practiques que todo depende de Dios».

981. Se cuenta en la vida de Leonardo da Vinci que era tan meticuloso y perfecto en su obra, porque estaba convencido de que siempre trabajaba para la eternidad. Se dice que tal convencimiento lo hizo feliz, pese a las dificultades que hubo de afrontar como artista.

982. Dado que la casa es como el traje de cada familia, resulta fácil descubrir que tanto por su planteamiento, orden y escala de valores, como por su misma decoración, en algunas de estas casas la felicidad no es posible.

983. Al separarnos de algunas personas, después de haberlas tratado y hablar con ellas, se experimenta felizmente la sensación de habernos tonificado y de estar más alegres. Contraria sensación se advierte al hablar y al tratar con otras personas.

984. La perplejidad se define como «duda, confusión, irresolución y vacilación de lo que se debe hacer...». Pero, pese a que la vida es también perplejidad, ésta puede y debe hacer felices a muchos.

985. Cuando servimos a este mundo, en el oficio o profesión que hemos elegido, servimos asimismo a Dios y somos felices.

986. ¿Cualquier tiempo pasado fue mejor? Es éste un interrogante con posibilidades múltiples y contradictorias de respuesta. Da la impresión de que la contestación más correcta se halla en el dato y en el reconocimiento de que la auténtica ventaja y mejoría que entraña el tiempo pasado es la de que, gracias al mismo, nos corresponderá el futuro, para nosotros y para los demás.

987. Para muchos es argumento de felicidad, aunque siempre exenta y ajena de cualquier clase de revancha, el pensamiento de que «los dioses vengadores siguen de cerca a los arrogantes».

988. En ningún orden de cosas debiera tener vigencia y, por tanto, no ser elaboradora de felicidad, la creencia de que «sólo el hombre con armas es el verdadero hombre». Por supuesto, que el término «armas» incluye cualquier clase de instrumentos, internos o externos, destinados a defender o a defenderse.

989. El término del que hacían uso los griegos antiguos para definir la verdad era el de «aletheia», que significa descubrimiento, encuentro o hallazgo... La verdad es y hace feliz, también por su intrínseco significado del esfuerzo que conlleva su invención.

990. A la hora de la verdad, y con multitud de experiencias propias y ajenas, es demostrable que nada ni nadie resulta ser tan bueno y tan feliz como lo habíamos imaginado y como se nos presentaba...

991. Con argumentos proporcionados por la misma experiencia, dignos de consideración, formales y serios, es posible comprobar que hay tropiezos y caídas que a muchos les sirven para levantarse con felicidad...

992. Torrentes de felicidad proporciona la comprobación de que precisamente los ríos más profundos son los más silenciosos...

993. Pieza clave en la construcción de la felicidad es haber descubierto con objetividad y lucidez que quien no cree en sí, apenas si podrá creer tampoco en Dios.

994. La felicidad colectiva depende en gran parte del intento efectivo de

llevar a la práctica el «sonría, por favor», que es fórmula universal para que las fotos sean más atractivas, amables y, por tanto, más y mejor recordables.

995. La felicidad personal, propia e intransferible, está en nuestro currículum. Y es que lo real y objetivo y no lo imaginado, supuesto y fantástico, es lo que le confiere veracidad al currículum, es decir, a la vida, base y sostenimiento de la verdadera felicidad.

996. Todos los seres humanos deberíamos hacer nuestra, y llevar a la práctica, la bienaventuranza de «afortunados quienes buscan siempre y en todo la paz y la felicidad».

997. A quienes pretendan conocernos y amarnos, deberíamos concederles las debidas y honestas licencias para que alma y cuerpo fueran lenta, sabia y acariciadoramente tocados.

998. La caricia, administrada tal y como es menester, se convierte en el diálogo por antonomasia, hace feliz y comunica y expresa la felicidad de modo tan brillante como convincente.

999. La caricia, si es de verdad diálogo, es el más elocuente y no equivoca jamás.

1.000. Quienes no aprendieron a acariciar, porque no lo quisieron, y quienes, habiéndolo aprendido no lo ejercieron, porque tampoco quisieron, sofocaron una de las fuentes más generosas y expeditas de la felicidad.

1.001. Hogar es un término castellano que procede del latino «focus» que significa «fuego» y que, por extensión comenzó a aplicársele al lugar concreto en el que él se encendía y guardaba en las casas y que solía ser lugar de reunión y de coincidencia doméstica, con una más amplia significación de «casa habitada» y de «vida». Así diseñada y utilizada la casa desde su propia etimología e historia, es ciertamente argumento supremo de felicidad.

CAPÍTULO II

FÓRMULAS PARA SER FELIZ

La felicidad no está en ser singular

No son pocos los que colocan su ideal de felicidad en ser y en sentirse singulares, es decir, «solos sin otros de su especie», en su primera acepción gramatical o «extraordinario, raro o excelente», en su segundo y más generalizado sentido o significado. Lo singular y la singularidad pretenden ser para muchos su parte importante de capital personal, raramente transferible y jamás compartible. En última instancia y para muchos, lo singular es algo así como un valor convertible en otros tantos bonos de consideración, prestigio económico y poder. El solo afán por ser, considerarse y ejercer de singular es aspiración y meta para numerosas personas que, por lo visto y a tenor de sus ambiciones y apetencias, no lograron descubrir otros estímulos más atractivos para cimentar sobre ellos la razón y el título de su felicidad.

Con la comprobación de objetivos y motivaciones similares en la búsqueda de la felicidad propia y personal resulta fácil que en su camino broten y se presenten pensamientos como éste: «Ser alguien, o llegar a ser alguien, significa llegar a ser otro distinto de uno mismo». Esto quiere decir que si por la singularidad el ideal de felicidad se identifica con intentar llegar a ser alguien, y esto lleva necesariamente a ser otro distinto de quien se es en realidad, ha de darse por servida infaliblemente la frustración, con la consiguiente incapacidad para ser y ejercer de persona feliz. La pérdida de identidad imposibilita cualquier intento de programación de felicidad a la propia medida. Resalta con todo vigor la verdad contenida en el aserto de que la singularidad sólo puede constituir un mérito para aquellos que se saben y se hallan imposibilitados de hacerse o de inventarse otra clase o tipo de merecimientos...

Ante el panorama de tan precarios valores que parecen entrañar y exhibir quienes piensan y actúan desde la convicción de su desbordante aprecio por la singularidad como fuente de felicidad, a cualquier lector de textos clásicos antiguos se le ocurre pensar en la figura de Eróstrato... Tal y como refieren las crónicas primitivas, Eróstrato decidió quemar el templo de Artemisa de Efeso, movido por la única y gloriosa intención de hacer imperecedero su nombre en la historia, haciendo coincidir su acción en el tiempo con el nacimiento de Alejandro Magno, en la noche del 21 de junio del año 356 a.C. La felicidad que con su acción tan singular querría para sí Eróstrato le condujo directamente al suplicio, así como a que fueran automáticamente dictadas unas leyes por las que bajo pena de muerte se impedía que nadie osara pronunciar ni siquiera su nombre... Y es que la singularidad difícilmente es causa, fundamento y justificación de felicidad; alguna y rara vez hace que los nombres de los singulares sean recordados con aprecio y felizmente por la colectividad.

La felicidad lee y se informa

A las obras de Baltasar Gracián es preciso acudir con insistente frecuencia para procurar desvelar algunos de los misterios relacionados con la felicidad, en un intento eficaz de adecuarnos a los comportamientos por él sugeridos. Y es preciso hacerlo por multitud de razones, entre otras por su sabiduría, por su clasicismo, por haber sido perseguido una y otra vez por la Inquisición, por crítico y por su *Criticón*, por su condición de jesuita, por vivir y convivir con la gente hasta insertarse y encarnarse en sus propios problemas, por haber sido desterrado una y otra vez... Y, sobre todo, por haber él mismo manifestado ser feliz en medio de las complicaciones que le proporcionara su vida... Y uno de los pensamientos en los que él pretendió condensar la fórmula de la felicidad es el siguiente: «Gástese la primera estancia del bello vivir en hablar con los muertos, es decir, en leer; la segunda se emplee en los vivos, es decir, en ver y en registrar todo lo bueno del mundo, y la tercera jornada sea toda para sí, es decir, con el filosofar... En ella se logrará la auténtica felicidad».

En el esquema que se trace de felicidad para la mayoría de las personas se requiere que la lectura tenga alta y crecida consideración y estima.

Acudir a los libros equivale a anexionarse de cuanto de bello y de bueno, es decir, de capacidad de felicidad, vivieron y discurrieron tantas otras personas. La lectura pone a nuestra disposición el caudal de pensamientos y de sentimientos de muchos, hasta hacernos partícipes de sí mismos. Abrir los ojos y estar hasta audazmente sensibilizados con las demás personas, viendo y registrando cuanto ocurre a nuestro alrededor, es asimismo principio de felicidad, sobre todo desde la posibilidad que caracteriza al ser humano de comparar, optar y elegir, para lo que ha de ejercitarse en reflexionar o, lo que es lo mismo, en filosofar. Cualquier vida a la que se haga seguir un esquema similar a éste contará con óptimas oportunidades de aportarle considerables dosis de felicidad y ésta resultará siempre y en todo ajustada a las apetencias y aun a las limitaciones propias de los seres humanos.

Éste y tantos otros pensamientos acerca de la felicidad como estilo y comportamiento de vida lo completa el clásico Gracián con este otro aserto: «Hombre sin noticias, mundo a escuras». Es evidente que a escuras –oscuras– no es posible caminar por la vida. Para ser disfrutada y ejercida la vida como corresponde, precisa de la luz que suministran y facilitan las noticias, sobre todo desde su análisis y desde la comparación con cuanto puede o debe relacionarse con nosotros mismos, miembros vivos y conscientes de la sociedad a la que pertenecemos. De esta manera podremos «pensar con los menos y hablar con los más».

Está más en el «dar» que en el «recibir»

Mientras que unos, muchos y tal vez los más, suelen colocar el ideal de felicidad, o la felicidad ideal, en acumular toda clase de bienes tanto materiales como espirituales, para otros, los menos, tal idea de felicidad se hace coincidir con dar y con desprenderse de todos o de una buena parte de ellos. Aunque con criterios de filosofía humanística y de concepción integral de la vida, en teoría tengan que ser descalificados los primeros aspirantes a personas de verdad felices, esto no quiere decir que su nómina no rebase con creces a la de los otros, aunque resulte ser alto el número de quienes proclamen con gozo exultante que es más humano y hasta cristiano dar que recibir y que acaparar. La distancia existente entre la teoría y la práctica es insondable en estas latitudes de la convivencia, de las conductas y de los comportamientos humanos.

Y es que una vez más hay que resaltar que es muy corta y efímera la educación que se nos ha suministrado a los seres humanos para poder descubrir la verdadera felicidad más en el dar que en el recibir. Haría falta desmontar desde sus cimientos y a todos los niveles la mayoría de los procedimientos y sistemas educativos hoy al uso para hacer cambiar tales criterios. Mientras que competitividad–triunfo y educación caminen durante tantos estadios y episodios de la vida con tanta amiganza y compadrería, no resultará comprensible que en el dar y no en el recibir, o que en el dar más que en el recibir, se hallen las claves de la felicidad verdadera y convivencial.

Y por supuesto que en el dar hay que incluir prácticamente todo cuanto por título alguno pueda ser de nuestra pertenencia y estemos capacitados para disfrutarlo a nuestro libre albedrío. Santa Teresa de Jesús se nos hace presente en estos instantes con una de sus múltiples frases tan ponderadas y orientadoras, con referencias a determinadas situaciones y actitudes que definen no pocos comportamientos humanos: «El que da una limosna da parte de su hacienda; el que da un consejo da parte de su alma». Sí, también los consejos, siempre y cuando lo sean de verdad, son parte importante de nuestro capital personal y, siempre y cuando se impartan con oportunidad y acierto, han de ser compartidos, aun teniendo en cuenta con todo rigor otros dictámenes que con excesivos y hasta ofensivos recelos y desconfianzas nos formulan muchos, de esta o parecida manera: «No me gusta dar consejos, puesto que darlos equivale a contraer innecesariamente una responsabilidad...». Si se quisiera llevar a la práctica este consejo es imposible que se halle presente la felicidad, porque precisamente ella es signo y fruto de la responsabilidad.

La felicidad es dinámica

El de la felicidad es un concepto dinámico. No admite por definición la situación y la actitud que presupone y genera la idea de «ya». La felicidad no sabe decir «ya». Es un término que tiene desterrado del diccionario de la convivencia familiar o social. La felicidad es «ahora» y, además y siempre, «mañana». La felicidad es pregunta mucho más aún que respuesta. La felicidad se haya y consiste sobremanera en mantener viva la capacidad de aprender, de educarse, de creer y crecer y, por supuesto, de estar mejorando permanentemente. La felicidad desconoce el uso y la conjugación de verbos tales como anclarse, detenerse, conservar y fondear. En el ejercicio y práctica viva y comprometida del aprendizaje, de la educación, del crecimiento, de la fe y creencias, y de la acción y efecto de mejorar y de mejorarse, se encuentra y actúa la felicidad de forma declarada y testificadora.

No parece creíble, pero así lo reflejan las crónicas más ajustadas a la realidad, y éstas refieren que en cierta ocasión sorprendentemente reflexiva fue Napoleón Bonaparte quien formuló este pensamiento: «Todo lo que no es natural, es imperfecto». Y es que la naturaleza, por muchos que sean los obstáculos que coloquemos en sus caminos para deteriorarla o para no oír sus voces y atender sus exigencias, es canon de perfección y belleza. Es testimonio de comportamiento feliz. Es pauta y norma de conducta. Es guía, modelo y hasta medida. Prestarle a la naturaleza la atención que requiere y merece, e intentar ajustarse a sus principios y procedimientos, es trabajar verazmente por conseguir la felicidad lo más proporcionada y conformada posible a nuestras exigencias.

Uno de los ejes sobre los que habrá de girar la reflexión en la búsqueda de la felicidad es exactamente el de la adecuada clarificación de los conceptos necesario y superfluo. Sobre ellos son muchos y muy graves los desbarajustes que se contabilizan entre los seres humanos. Para algunos de ellos lo superfluo es tan necesario o más que para otros es lo realmente necesario, mientras que para otros hasta una buena e importante parte de lo comúnmente tenido como necesario llega a ser considerado y valorado como superfluo... Con el presentimiento de tener puros y diáfanos conceptos, es útil tener muy en cuenta que el camino de la consecuencia de la felicidad lo iluminan con veracidad, tino y acierto estas palabras de Shakespeare: «Lo superfluo envejece más aprisa. Lo sencillo y lo necesario vive mucho más tiempo». En la pequeña y lánguida muerte de cualquier proceso de envejecimiento, la felicidad con extremada y ardua dificultad puede alojarse.

La felicidad no tiene sexo

«Ventanera»: dícese de aquella persona a la que le guste en demasía curiosear desde cualquier lugar sin ser vista ni advertida y que, aun sin necesidad de tener que salir de su casa, suele estar al corriente de cuantas noticias acontecen en el lugar de su residencia... En tiempos de los clásicos, ventanera era un término muy repetido en sus escritos, pero eso sí, y con la mayor naturalidad del mundo, le era aplicado sistemáticamente a la mujer y jamás al hombre, como si fuera a ella y no a él a quien le gustara estar al corriente de vidas ajenas. No me resisto a dejar de citar la letra de una seguidilla alegre y desenfadada que todavía se canta por las palentinas Tierras de Campos: «Quítate de esa ventana, / no me seas ventanera/, que el vino de buena cuba/ no necesita bandera». En la dinámica social antifeminista y seudopiadosa de tiempos pasados, ser y ejercer de ventanera tenía mala prensa y llegaba a constituir un grave pecado. La mujer habría de estar y vivir dentro de las cuatro paredes de su casa y, a ser posible, con la «pata quebrada» por tantos calderonianos por oficio y por ministerio. La casa, y solamente la casa, habría de ser marco obligado en el que la mujer desarrollaría imposiblemente sus facultades como mujer y aun como persona y habría de ser allí dónde, y cómo, aspirase a llegar a ser feliz a su manera...

Los tiempos van cambiando, aunque bien es verdad que no todo lo que debieran hacerlo y haberlo ya hecho, y la mujer no tiene por qué ser obligada a conseguir la felicidad ni sólo ni fundamentalmente con reglamentos, procederes y ordenanzas domésticas. Su felicidad no será otra, por encima de todo, que la de ser y ejercer libre y responsablemente de persona. Por supuesto que esto comporta satisfacer no sólo su curiosidad, sino acrecentarla ordenadamente, con los ojos siempre abiertos a la noticia, a la información y al compromiso con cuanto le rodea. La capacidad de relacionarse que tiene y define a la mujer es causa de justificación de su felicidad sustantiva y veraz, no siendo de su agrado, dignidad y provecho cualquier otra fórmula que le fuera impuesta.

Y el verdadero y deslumbrante misterio de la felicidad –de esta felicidad– se halla más que en el obligado y renovado ejercicio por parte de la mujer, en el placentero reconocimiento de esta verdad por parte del hombre. Saberse el hombre igual a la mujer y viceversa, sin prevalencia de ninguno de los sexos y en diálogo fecundo e interpersonal, hace brotar la felicidad placentera, amorosa y establemente, haciendo de ella partícipes a quienes se hallan en la esfera de su convivencia. Ser y ejercer de ventanera, sobre todo a través de los medios de comunicación social y del intercambio de conversaciones, no es ya un pecado, sino una virtud con acrisolados valores personales, culturales y sociales.

Es feliz quien escucha

Hablar es o puede ser bueno y, a su vez y por lo mismo, es y puede ser fuente y origen de felicidad tanto para uno mismo como para los demás. Algo similar y en idéntica proporción a como puede ser y es bueno callar. Entre el callar y el hablar hay una distancia física y psicológicamente muy corta y, sin embargo, es muy larga la distancia convivencial que puede apreciarse entre una y otra actitud o actividad. Hablar cuando procede hacerlo y callar cuando lo mandan o lo aconsejan las circunstancias, aporta la medida adecuada para entender y entenderse, es decir, para poder convivir o, lo que es lo mismo, para lograr la felicidad alargando sus bene-factoras consecuencias. Idéntica norma y criterio se hace necesario obser-var en relación con la actividad de escuchar, si bien habría que acentuar aún más en ella la actitud y el sentido de la receptividad, aunque teniendo siempre en cuenta que habrá de desterrarse de su influencia cualquier talante o posición de pasividad. Quien escucha ha de estar en situación y dar la impresión de permanecer aún más activo que la persona que habla.

Y ocurre que como cada uno es y se proyecta en gran parte hacia aque-llo en lo que suele pensar y de lo que habla después, con el fin de tutelar dentro de lo que cabe determinadas parcelas de la convivencia en la feli-cidad, urge tener muy presente que por circunstancias diversas no son pocas las personas cuyos temas de conversación sistemáticamente aportan muy pocos elementos para descubrir contenidos veraces de felicidad razonable. Y es aquí también donde se habrá de intentar abrirle paso a interpretaciones lo más benevolentes posibles que puedan conducirnos con aproximación al descubrimiento y percepción de la escala de valores real de la que algunos disponen para justificar la mayoría de sus conversacio-nes y, por lo tanto, al menos alguna parte del sentido o del contenido que creen que tienen sus vidas y con la que estiman también haber consegui-do su estatuto de felicidad. Es muy variable, veleidosa y hasta acomoda-ticia y misteriosa la felicidad, lo que quiere decir que la comprensión habrá de presidir cualquier valoración que se formule acerca de ella.

Para muchos es éste un pensamiento que podrá y hasta deberá presidir las relaciones de la convivencia familiar y social, si de verdad se preten-de que sea la felicidad su inspiradora, y éstos son merecedores de nuestros respetos. También son merecedores de ellos aquellos otros que identifican su forma de pensar con la de don Miguel de Unamuno que ya en sus tiem-pos en los que todavía la fiebre futbolera no había alcanzado grados de consideración tan alta, escribió agrestemente lo siguiente: «Lo cierto es que todas esas gentes que se pasan media vida hablando de fútbol, son gentes que maldita la pena que vale el que hablen de otra cosa...». Por lo visto y es deducción muy plausible, la concepción de la vida y de la feli-cidad que tenía don Miguel de Unamuno no coincidía con la que dan la impresión de tener en la actualidad tantas personas...

La felicidad es cosa de todos

La felicidad es de todos, para todos y además es cosa de todos. Es uno de los bienes en cuya elaboración y merecimiento son más las personas que de alguna manera han de hacerse activamente presentes. Tal vez por eso, por tanta y tan noble participación como requiere la felicidad, se la identifica con conceptos tales como dicha, suerte, bienestar, ventura y prosperidad. Al ser la felicidad fruto y consecuencia de la colaboración de tantas personas, su marca, huella e impresión son mucho más radiantes, expansivas y comunicativas. Es ésta una de las facetas tal vez menos conocida que posee la felicidad, aunque no por eso resulte ser ciertamente menos valiosa.

Allí donde coincidan en una tarea común y acumulen sus esfuerzos e ilusión determinadas personas, se hace indispensable descubrir un plus muy notable de satisfacción y alegría, es decir, de felicidad. La puesta en práctica y ejercicio de este convencimiento puede y debe proyectarse, por ejemplo, hacia casos como el que vivimos en las horas primeras de todos los días y en los que son muchos los que intervienen o intervinieron para proporcionárnoslos realmente felices. Nuestros días pueden iniciarse con el signo de la felicidad, gracias a la intervención que en ellos tuvieron los panaderos que a punto prepararon sus productos que llegaron a la mesa de nuestro desayuno mediante el cumplimiento exacto de cuantos transportistas o repartidores estaban encargados de ello... El día pudo comenzarse con su parte considerable de felicidad originada a consecuencia del conocimiento de ciertas noticias que llegaron a nosotros a través de los medios de comunicación orales, escritos o visuales, en los que tantas son las personas que colaboran o concurren. El día fue posible emprenderse gracias a quienes cumplieron a la perfección el oficio de ordenar la ciudad o el pueblo y de mantener tal orden cívico con sus correspondientes servicios municipales, con cuyo trabajo se nos facilitaron los desplazamientos y pudimos ejercer como corresponde nuestra profesión o actividad laboral...

La reflexión sobre el trabajo que tantos tuvieron que efectuar para hacernos posible la vida, con sus parcelas de felicidad y su afán por seguir un día y otro adelante ha de llevar necesariamente implícito el descubrimiento agradecido a cuanto con ello contribuyeron en nuestro propio beneficio. Y no vale decir sin más que para tal tarea se les paga y ése es su oficio, como otro es el nuestro. Para nadie –tampoco para nosotros mismos– es un secreto que son muchas las formas que hay de trabajar, que en el trabajo siempre se sobrepasa lo estrictamente pactado y que además jamás podría fielmente pagarse, si no es al menos mediante el reconocimiento y el agradecimiento de sus beneficiarios.

La felicidad se democratiza

Todavía, aunque cada vez en menor proporción, son muchos los que suelen mencionar el «ejercicio de oficio importante» cuando se refieren a profesiones o actividades laborales que frecuentemente eran consideradas como de prestigio social... En la órbita del «ejercicio de oficio importante» se encontraban profesionales tales como diplomáticos, canónigos, jueces, senadores, coroneles, notarios, registradores de la propiedad, escritores y en general aquellos que habrían de engrosar el ilustre catálogo de «las fuerzas vivas de la localidad» tanto en pueblos de cierto rango y consideración municipal como en cabezas de partidos judiciales o en capitales de provincia... Cuando estos linderos eran superados, el «ejercicio de oficio importante» alcanzaba grados de consideración y respeto que podría rayar hasta en la idolatría, sobre todo a consecuencia de la creencia efectiva que podría tenerse de que quienes pertenecían a tales clases o categorías sociales resultaban ser casi todopoderosos, especialmente si los modos caciquiles se hacían asimismo presentes, operantes y activos.

El verdadero «ejercicio de oficio importante» no tiene por qué coincidir ya con modos y formas similares a las sugeridas. Cualquier profesión u oficio se ha democratizado de forma real como expedita y hasta insolente, y en cualquiera de ellas o ellos es posible asimismo conseguir que las nóminas y sus correspondientes y legales añadidos no se diferencien sustantivamente y ni siquiera se note o se aprecie. Haber descubierto que toda profesión u oficio, por el hecho de serlo, es «ejercicio importante» siempre, en todo y con todos, es uno de los logros más preciados de los tiempos actuales, a la vez que una de las razones que tiene la felicidad para también ella misma haberse democratizado, aun contando con las limitaciones que con tantas y tan sutiles formas aún se registran, pese a que la primera impresión que recibamos es que todos somos igual de dignos, de apreciados y hasta de guapos.

Si todos los oficios y profesiones son igualmente «ejercicios importantes», hay uno que lo es por antonomasia, y sin discusión alguna y con mayor matiz señorial. Y éste no es otro que el vivir, que además es también un arte. Se trata de afrontar y asumir la vida con estas características y predicamentos, con la seguridad y la convicción de que todo lo demás apenas si es importante, o al menos, no lo es en esta proporción. Si al arte y al oficio de vivir se le añade el poder disfrutar del mundo con parsimonia, deleite y satisfacción, la felicidad está bien servida y jamás a nadie se le ocurrirá de aquí en adelante alimentar las añoranzas de los tiempos inocuos del «ejercicio de oficio importante».

La felicidad tiene buen humor

Si se efectuara un censo de personas malhumoradas se llegaría a la conclusión de que éstas son muchas más que las que alcanzaron el convencimiento de que el buen humor es sano para el cuerpo y para el espíritu, por lo que se comprometieron de por vida a cultivarlo como fuera y con cuantos métodos y razonamientos fueran requeridos. Son muchos los que están con frecuencia y hasta por oficio de mal humor y sin que se perciban causas suficientes para ello. Cuando por cualquier circunstancia se les hace ver la vacuidad de las razones que creen tener para mantenerse en su mal humor, éste se les acrecienta aún más, al verse descubiertos y como a la intemperie. Diríase que su pobretonería mental es de tales proporciones, al menos, que precisan de gestos y actitudes malhumoradas para no pasar desapercibidos y llamar la atención.

Pero son ya algunas las personas que, reflexionando, han alcanzado la convicción de que el buen humor es como un deber que unos tenemos en relación con los otros si de verdad queremos que la convivencia sea el marco para nuestro mutuo entendimiento. Algunos descubrieron con precisión feliz que el buen humor es también un deber para con nosotros mismos, dado que su inexistencia o limitación deteriora nuestro bienestar físico, ético y espiritual, en perjuicio de la propia salud y, consecuentemente de la salud de las personas con quienes de alguna manera nos relacionamos en la esfera familiar y amistosa. Y es que, en definitiva, el buen humor es algo así como una afirmación de la dignidad personal y de la ajena y una declaración expedita de la superioridad del hombre ante cuanto pueda sucederle.

Fácilmente se deduce que cualquier afirmación o reafirmación de la dignidad, como personas nos aporta a todos los seres humanos cuotas meritorias de felicidad. Con facilidad también se deduce que cualquier gesto por el que pueda expresarse la superioridad de las personas ante cuanto le pueda suceder con posibilidades muy serias de vencer tantas contingencias, le aporta asimismo a la vida estimables dosis de felicidad. Teniendo tan cercanos y tan asequibles tantos títulos y motivaciones para reencontrarnos con la felicidad dominando situaciones que a muchos suelen llevar a ser dominados por el mal humor, resulta explicable que hayamos dedicado esta reflexión a profundizar sobre el tema. El mal humor no salva jamás. Siempre condena. Es una enfermedad del cuerpo y del alma. Y, por si fuera poco, es una enfermedad contagiosa. Los aquejados de dolencias múltiples y graves producidas por el mal humor hasta pueden ver peligrar su salud personal y social...

Felicidad y sentido común

Con algo tan elemental como el sentido común es posible alcanzar la felicidad y sentirnos dichosos. En la cuenta corriente de la que podríamos disponer las personas para considerarnos, y para que nos consideraran, ciertamente felices, no se tiene aprecio ni se valora el caudal de sentido común y, esto, no obstante, acontece por muy pingüe que sea tal cuenta corriente en euros; si falta el sentido común, nos convertimos en pobres de solemnidad. Felicidad y falta de sentido común son conceptos que no suelen establecer relación alguna de amistad ni de entendimiento. Felicidad y sentido común establecen no obstante una afinidad, una ilación y hasta un encadenamiento reluciente y atractivamente recíproco. Sentido común y felicidad van de la mano por cualquiera de los caminos que hayamos de recorrer los seres humanos proporcionándonos satisfacciones impereceras y causando admiración a propios y extraños.

Por lo aquí insinuado, resaltamos la gran carga de veracidad, acierto y oportunidad que posee el pensamiento formulado de esta manera: «Más vale andar escaso de dinero que de sentido común. Entre todas las enfermedades humanas, la más triste es la carencia de sentido común. No hay filosofía que excuse la falta de sentido común...». Y es que, para nuestra desgracia y para desgracia de la misma filosofía, no son pocos los que en la actualidad pretenden descalificar el sentido común desterrando su concepto de cualquier programación filosófica, desde la desconsideración de que al ser tan común, es decir, tan ordinario y corriente, ha de ser despreciable y trivial o, al menos, poco o nada apreciado y valioso. Quede al menos bien claro que en la relación sentido común–dinero como argumento y aval de felicidad, el dinero aporta bien poco.

Es mucho más consistente y valioso para la felicidad el sentido común que el dinero. Es ciertamente triste y causa mayores desgracias la carencia de sentido común que cualquier otra enfermedad que pueda aquejar al cuerpo y al espíritu, a la hora de la estructuración y merecimiento de la felicidad propia y ajena. Y en esta línea de consideraciones, el caudal de nuestras posibilidades en orden a la consecución de la felicidad puede muy fácilmente acrecentarse aún más con la reflexión sobre estos dos pensamientos: «Nosotros sabemos lo que somos, pero no lo que podemos o pudiéramos ser...» y «nunca más podremos ser lo que éramos antes de haber formulado este pensamiento...». Y es que lo pasado cuenta e incide bien poco en el capital de la felicidad. Tampoco cuenta en demasía el futuro. Cuenta el presente, pero como fruto del pasado y como proyecto y aspiración. Aun hipotéticamente sabiendo lo que hoy somos, es mucho más lo que en realidad podremos llegar a ser, convirtiendo tal convencimiento en fuente de felicidad.

La felicidad de los «genios»

Una vez más hay que referir que la felicidad está al alcance de todas las manos y que su consecución resulta fácil, siendo tan sólo requisito indispensable para ello haber sido educado convenientemente. Educación, seguimiento y obtención de la felicidad son pasos y conceptos correlativos en esta tarea. Y en este sentido y con el fin de extraer cuanta felicidad puede proporcionarnos, por ejemplo, lo que solemos llamar «genio», es indispensable que nos dejemos dirigir y orientar por una de las personalidades de la historia que con toda objetividad puede ser considerado en su esfera como auténtico genio y que se llamó Beethoven, quien formuló la siguiente proporción: «El genio se compone del dos por ciento de talento y del noventa y ocho por ciento de perseverante aplicación». La proporción puede oscilar en unos casos y en otros. Pero no en demasía. Talento y aplicación aportan la mayoría de los elementos que configuran la realidad de los llamados genios en cualquiera de las esferas de la vida, pero con fórmulas muy similares a la apuntada por Beethoven.

Y ocurre casi sistemáticamente que aspirantes o detractores del genio o de los genios creen que sólo el talento es su fundamento, por lo que, al considerar que el talento es don gratuito, se ahorran cualquier intervención personal y mucho menos la que pueda exigir y exigirnos sacrificios y esfuerzos como los que hace suponer la «perseverante aplicación». Por supuesto que es posible que jamás se haya tenido referencia de que si el talento es fuente del genio y hasta de genialidades, lo es también, y en mucha mayor cantidad y aprecio, la aplicación decidida y perseverante y que se expresa y ejerce mediante el estudio y el trabajo, sin que se le ocurra a nadie pensar que en su planteamiento y ejecución tiene algo o mucho que ver la casualidad... En cuestiones relativas al genio no se nos regala nada o casi nada. Todo o casi todo es fruto del valor, del afán, de la decisión y, en definitiva, del esfuerzo propio...

La felicidad que propina y atribuye el genio en las diversas esferas de la vida y en su multitud de configuraciones o conformaciones, no es fruto y consecuencia ni del talento ni tampoco del azar. Lo es de la diligencia, de la atención y de la afición. Es decir, del esfuerzo y de la aplicación. Cuando la felicidad brota y surge de estos manantiales, es inagotable y además se derrama por todas aquellas personas con las que nos relacionamos y con las que convivimos, con la favorable incidencia también en nosotros mismos...

Con la felicidad no se juega

De modo similar a como hay felicidad y felicidades objetivamente sustantivas y reales, hay también felicidades ficticias, estando algunas de ellas hasta programadas. Desde organismos más o menos oficiales y al dictado de intereses la mayoría de ellos aviesamente políticos llegan a veces a programarse felicidades personales o colectivas, como si se tratara de otros tantos eslóganes sin más contenido que el puramente hiperbólico. La proclamación de la felicidad no es objeto de intercambio de votos. Con la felicidad ciudadana es inhonesto e indecoroso jugar. La felicidad no acepta ningún tipo de comercio o de trapicheo. Prometer la felicidad bajo alguno o algunos de sus objetivos o formulaciones sin haber estudiado bien las posibilidades y medios con los que se cuenta es tarea a todas luces inmoral, que descalifica a quienes lo proclaman y a las instituciones que se hallan detrás y los mantienen o sustentan.

Y ocurre que fueron publicadas unas estadísticas de las que se deducía que el crecimiento del parque automovilístico había crecido de forma espectacular en España en el período de un año, de tal forma que podía desprenderse que ya, y también en esto, habían sido alcanzados y hasta superados, los índices de progreso de otros países de nuestro entorno. No se desaprovechó la ocasión para más o menos oficiosamente resaltársenos que los motivos para la satisfacción y felicidad general ciudadana eran muchos y muy consistentes, dado que el desarrollo que sugerían tales cifras era bien patente... Por supuesto que jamás se indicó que el verdadero desarrollo, fuente y fundamento de la felicidad, no tenía nada que ver con el número de automóviles y que, del binomio de coche más coche jamás podría desprenderse el producto o la situación de felicidad...

Pero, como no hay dicha completa ni siquiera en los ámbitos de la Administración Pública y de la política, también por los mismos días se hicieron públicas otras estadísticas que referían haber sufrido un fuerte alza el número de accidentes de tráfico con sus correspondientes muertos y heridos graves... Se proclamó como excusa o explicación de tan dramático crecimiento de sangre, precisamente el aumento registrado del número de vehículos, lo que automáticamente venía a descalificar la condición de desarrollo y de felicidad que cualquiera de estos procesos llevaba consigo... Y es que el verdadero y feliz desarrollo, más que en los coches y en

111

la expansión del parque automovilístico, se halla en el dominio de uno mismo, en la adquisición de la cultura viaria, en el respeto a las normas de tráfico, en el sentido de la solidaridad, en el uso correcto del vehículo... y en tantos otros factores propios y decisivos en la educación integral, aunque su proclamación y exigencia no lleven consigo ni aplausos administrativos ni facilona captación de votos.

La felicidad y la ley

Son muchos los desnortados que valoran por encima de todo las instituciones, la sociedad, los organismos, las leyes, hasta el mismo Estado... subordinando a unas y a otro hasta sus últimas consecuencias incluso al hombre, para el que precisamente y en teoría y por principio, ellas y ellos fueron instituidos o fundados... En los tiempos actuales la institución y la ley priman de tal forma que, más que estar al servicio del hombre, da la impresión de que éste es quien ha de estar al servicio de la institución y de la ley... En general, los seres humanos son considerados, y ellos se consideran a sí mismos, como subordinados de por vida y por obligación más o menos sacralizada a las instituciones, aunque para ello tengan que sufrir deterioros muy graves en su propio desarrollo integral como personas, y, por supuesto, con incidencias muy negativas en su autoestima.

En la valoración de estas situaciones se olvidan más o menos culposamente formulaciones tan orientadoras y serias como esta que le es atribuida al mismo filósofo griego Aristóteles: «Los hombres no han establecido la sociedad solamente para vivir, sino para vivir felices». Y es que no es lo único importante vivir y que las instituciones, al menos teóricamente, así lo permitan o lo favorezcan. Lo realmente importante es vivir en felicidad, que es lo que los seres humanos como tales reclaman y exigen. Cualquier institución, por lo tanto, ha de estar concebida, creada y mantenida teniendo sagradamente en cuenta el bien de la colectividad. De no ser así o de no ejercer de esta manera, habría que cuestionar su legitimidad. Sólo este servicio es lo que legitima la ley. No es el hombre quien ha de estar al servicio de la ley, sino esta al servicio del hombre, quien por encima de todo se identifica con un proyecto y esquema de vida en felicidad.

Pero se hace indispensable tener asimismo presente que vivir en felicidad no es sólo exigencia de la institución y de la ley para el hombre. Lo es también de la propia familia, a la que exactamente legitima y valora su capacidad de servicio hacia la persona en los miembros que la configuran.

Desde tal convencimiento resulta obvio y elocuente reseñar que los hijos de no pocos matrimonios muy ricos deberían ser separados de su mismo ambiente natural a una edad bastante temprana con el fin de que de esta manera descubrieran por sus propios medios las verdaderas fuentes de la felicidad, que por supuesto difícilmente coinciden con las que les fueron descubiertas y magnificadas por sus padres o educadores... La felicidad auténtica reclama ciertos sacrificios, aunque éstos a la ligera den la impresión de ser desproporcionados.

La felicidad va a misa

Cualquier religión y mucho más la religión cristiana ha de sernos presentada como religión de la felicidad. La felicidad, objetivo, meta y destino de la vida de los seres humanos, habrá de ofrecérsenos como argumento de religiosidad. El adoctrinamiento en cuanto se relaciona con la religión y con lo religioso deberá ser tarea primordial de los responsables de la proclamación de este mensaje. Religión y felicidad establecen entre sí una relación indisoluble y fecunda. No es posible la religión sin la felicidad, de modo similar a como no es posible la felicidad sin la religión. Pero es evidente que a la idea de la religión y de las religiones le hace falta un serio repaso de purificación de determinadas gangas que se le han ido adhiriendo a lo largo de su formulación y existencia, muchas de ellas procedentes hasta del más descalificable paganismo. En frecuentes ocasiones se han inoculado a religiones muy serias, ideas y actitudes que no resisten un análisis legítimo y veraz de procedencia divina, sino que no pocas de ellas son estrictamente sociológicas o culturales, propias de correspondientes y determinadas épocas.

Nada menos que el Papa Juan Pablo II ha denunciado el hecho de que aún en el cristianismo se siga identificando fundamental o exclusivamente la figura de Dios con un anciano de rostro severo y vestido de larga túnica, como si se tratara de la adaptación cristiana de la imagen de Zeus en un desdichado remedo..., y a la que se le ha despojado del rostro del verdadero y Padre universal del mundo y de los hombres... Y es que Zeus, por muy Zeus que sea y precisamente por serlo, jamás podrá cristianizarse y tornarse Dios Padre, salvador de la humanidad en Cristo Jesús, sobrándole por tanto todos los atributos que lo identifiquen con un Dios justiciero, y con los atuendos y perfiles de una divinidad caracterizada en el mundo clásico por la arbitrariedad y el capricho... Dios Padre, tal y como nos es presentado casi sistemáticamente e imaginado en la iconografía y en la

113

catequesis, no resulta ser un Dios cristiano, sino un Dios paganizado...

En el esfuerzo de realismo teológico y de renovación general que reclama el Papa, está muy comprometida la felicidad a la que aspiramos y que constituye el argumento clave de las reflexiones de este libro. Esto es lo que explica la importancia que pretendemos darle a este tema con referencias a un personaje, sempiternamente enfadado, y además con un manojo de rayos conminantes. Éste no puede ser Dios ni ejercer de Dios cristiano. Dios es por encima de todo, Padre que redime y que salva siempre y a todos.

«Confitar» las palabras hace felices

Fue mucho, de gran garantía y de muy buena tinta lo que discurrió Baltasar Gracián acerca de la felicidad, lo que justifica cumplidamente que quienes en alguna ocasión reflexionemos acerca de ella nos veamos felizmente constreñidos a acudir a revisar sus palabras. Ellas aportan elementos muy singulares en el empeño por verificar la realidad de la felicidad en sus distintas expresiones y en el camino de nuestras relaciones familiares y sociales. Algunas de las joyas de las frases de Gracián coinciden con las que a continuación reseñamos: «El bueno todo lo suple; dora el no, endulza la verdad y afeita la misma vejez». Y es que no hay que efectuar concesión alguna que sea ilegítima para hacer amable el trato con todos y tornar feliz cualquier relación. Basta y sobra con decidirse a poner de nuestra parte y a suplir lo que falta, haciendo uso de la inteligencia y del buen sentido. «Tener buenos repentes» resaltaba asimismo Gracián que era indispensable para que todos y cada uno de los comportamientos humanos estuvieran inspirados y definidos por la compresión...

Pero dado que son muchas las dificultades que a las relaciones de convivencia le crea la palabra, lo que hace que la felicidad se ausente de ella, también Gracián levanta su voz señalando la necesidad de «hablar de atento» y «no ser de primera impresión», «evitando siempre llegar al rompimiento», aunque para ello haya que «confitar las palabras». Se trata de consejos muy útiles, dictados por la experiencia propia y ajena y sin que su puesta en práctica incluya de ninguna manera la menor indulgencia o halago que sea perjudicial para la honestidad o para la justicia. «Confitar las palabras» es por ejemplo, tarea eminentemente justa y a la vez amable. Es tarea constructiva y convivencial. Quienes lograron hacerse expertos en tal arte se pusieron en camino de entender y de entenderse entre sí.

Quienes no fueron ni se comportaron «de primera impresión», se ahorraron muchas insatisfacciones y excusaron a los otros otras tantas pesadumbres y desasosiegos, y todo ello en beneficio de la convivencia, tan herida en la actualidad por multitud de factores.

En la búsqueda tan efectiva como equilibrada de la felicidad, ejercen asimismo fuerza y encanto estas otras palabras clásicas de don Francisco de Quevedo: «Dando y hablando bien se ganan las voluntades». No se tratará, por tanto, sólo de hablar bien. Ni tampoco sólo de dar asimismo bien. Las voluntades se ganan tanto hablando como dando bien. Dar y hablar, y hacer una y otra cosa bien, son las dos manos con que cuentan las personas para expresarse y comunicarse, y de esta manera ganarse la voluntad de los otros, cuyo destinatario no serán jamás los intereses propios, sino el bien ajeno.

Ni en el «más» ni en el «menos»

La felicidad no está ni en ser ni en tener más ni en ser ni en tener menos. Está en tener y en ser lo que justa o aproximadamente debemos ser y tener. Tampoco está en creerse más o menos, sino en creerse lo que realmente se es o se tiene. Fue don Miguel de Unamuno quien nos lo recordó con estas palabras: «No te creas más ni menos, ni igual que otro cualquiera, que no somos las personas cantidades. Cada cual es único y, en serlo a conciencia coloca tu principal empeño». El intento eficaz de aplicación de este principio les despejará a muchos los caminos de la consecución de la felicidad con plenas garantías.

A la felicidad nos podemos acercar asimismo en la relación más–menos aceptándonos tal como somos y con aquello que tenemos o que nos sea lícito y proporcionado tener o poseer. Un pensador nos lo recuerda con estas luminosas palabras: «Acostumbramos a quejarnos por lo que nos falta, cuando habríamos de celebrar todo lo que nos queda». Y, en realidad, nos queda todavía mucho. Tanto nos queda que con ello podrían colmar sus ansias y necesidades de felicidad no pocas personas que precisamente en esa porción de lo que nos queda encontrarían plena satisfacción para tales deseos. Nos quejamos por rutina o por deformación de lo que nos falta y con ello estamos privándonos a perpetuidad de cuantas satisfacciones cercanas y asequibles podría proporcionarnos aquello que todavía o que ya tenemos. La lógica y la ponderación vuelven otra vez a ausentarse de nuestras relaciones convivenciales y nos roban parte importante del sentido de la vida, que pasa por la valoración de lo que somos y de lo que tenemos a luz de criterios más sustantivos y serios.

Resulta a veces tan fácil la consecución de la felicidad que ésta se puede identificar en muchas personas nada más y nada menos que con el sueño. Un verso brillante de Calderón de la Barca lo asegura de esta manera: «Estamos en un mundo tan singular, / que el vivir sólo es soñar». Su actualización no requiere excesivos trabajos. Lo que únicamente les pasa a muchos es que, en frase de Jardiel Poncela: «En la vida sólo unos pocos sueños se cumplen. La mayoría de los sueños se roncan». La felicidad es fruto y está también en el sueño, pero siempre y cuando éste no sea y lo formen sólo los ronquidos.

La felicidad no es egoísta

Pese a quien pese, y pase lo que pase, a lo que el hombre no renuncia jamás es a ser feliz. Es éste un principio que explica multitud de comportamientos propios y ajenos en la nuestra, como en cualquier otra cultura. De modo irrefrenable la persona es atraída por la felicidad y su búsqueda define toda su vida con diversidad de fórmulas. Por eso resulta poco razonable y hasta irracional, que a tal búsqueda no haya respondido ni responda la educación actual con programas convincentes. Cada uno se ha de dedicar por su cuenta a encontrar y a encontrarse con la felicidad, no sabiendo en multitud de ocasiones qué es lo que ella oculta o qué es lo que de verdad la define. De la felicidad se sabe muy poco. Más o menos lo que se sabe acerca de los medios o modos para conseguirla.

El filósofo griego Aristóteles, considerado como uno de los padres de la formulación de la idea más clara de la felicidad, la denomina «autarquía», concepto que lleva dentro de sí los de suficiencia y condición de bastarse a sí mismo. Es, por tanto, feliz para los griegos y para uno de sus más representativos filósofos, aquella persona que se considere autosuficiente y que se baste a sí misma. Quien tenga que valerse de los otros para poder desarrollarse integralmente en su vida y quien necesite de la colaboración ajena para conseguir realizar su proyecto de vida lo más aproximadamente posible, con dificultad llegará a considerarse feliz. Desde la consideración, convencimiento y experiencia de la falta de autosuficiencia, la felicidad encontrará trabas insuperables para hacerse presente, según el pensamiento de Aristóteles.

Pero Aristóteles explica el sentido de la «autarquía» no entendiendo por «suficiencia» según él mismo refiere, «el vivir sólo para sí una vida solitaria, sino también para los padres, mujer e hijos y, en general, para los amigos y conciudadanos, puesto que el hombre, por naturaleza, es un ser social». Con esta explicación, el concepto de felicidad que proclama Aristóteles tiene plena cabida en nuestros esquemas. Y es que el autosuficiente, si quiere serlo y lo es sólo para sí y no para los demás, se convierte en un redomado egoísta sin posibilidad alguna de columbrar siquiera la felicidad y su reino.

La mujer da a luz la felicidad

El hombre tiene en su haber muchas e importantes experiencias que son otras tantas fuentes de felicidad. El hecho de vivir es ya todo él una colosal experiencia. Sólo con vivir conscientemente, la experiencia–felicidad que se experimenta puede contribuir de modo efectivo a enriquecer la personalidad de cada uno de modo realmente insospechado. Y hay experiencias para todo y de todo. Materiales y espirituales. Personales y sociales. Propias y ajenas. Unas y otras nos definen y nos forman.

Pero no se puede olvidar para todos los efectos, que la más honda experiencia de ser humano creador es femenina y ésta no es otra que la de concebir y dar a luz. Otras experiencias tanto afectivas, como intelectuales, artísticas y culturales, laborales, de logros y descubrimientos, de posesión y de riesgos..., no alcanzan ni remotamente siquiera los límites de la sorpresa y de la sublimidad de la experiencia creadora del concebir y del dar a luz. Ésta es la experiencia cumbre del ser humano. Es su quehacer más misterioso, elevado y casi sobrehumano. Es experiencia que el hombre comparte con una actividad propia del mismo Dios... El ser humano se asemeja a Dios al crear, o, lo que es lo mismo, al continuar su obra creada...

Y es importante resaltar que la plenitud de tal experiencia creadora la vive la mujer mucho más que el hombre. Es experiencia particularmente femenina. El hombre–varón ni la protagoniza ni siente sus efectos, ni se sorprende ante sus consecuencias, ni la vive con la misma certeza, intensidad y felicidad a como lo hace la mujer. Dios le reservó a la mujer la posibilidad de protagonizar la experiencia más alta, más noble, más decisiva, comprometida y comprometedora de su obra creada. Precisamente por eso, ante no pocos problemas de la vida, no cabe otra opción que la de contemplarlos con ojos de mujer, es decir, de madre. Con ellos se acierta y se comprende.

El mundo se crea y se recrea gracias al amor

«El hombre no sólo está en el mundo; originariamente está en el amor...». Tanto el hombre como la mujer están y viven en el mundo. Son parte de él. Lo hacen y lo rehacen. Lo crean y lo recrean. El mundo es el habitáculo del ser humano. Es además su tarea. Es su trabajo. Pero, más que en el mundo o, en otras palabras, porque está en el mundo, el hombre está en el amor. El amor es causa, origen y fuente del mundo. El amor es su explicación. Es, por lo tanto, tarea y trabajo para el hombre y para la mujer.

Ésta es la teoría. No obstante, es otra la práctica y la realidad. Muchos hombres y muchas mujeres están exclusivamente en el mundo y no en el amor. Viven únicamente en él y para él. Viven plenamente identificados con sus intereses y con sus valores. Se sienten compuestos por sus mismos elementos. Piensan en el mundo como única fórmula de realización personal integral, propia y ajena.

El mundo es vocación y tarea del hombre, pero en tanto en cuanto sea también el amor tarea y vocación para él. Sin amor, el mundo no es mundo. Es planeta frío e inerte. Estrella fija y apagada. Aterida e insensible. Muerta. La muerte. El amor es el universo para el hombre. Es el cosmos con todo el contenido de armonía y belleza. Gracias al amor y por el amor, el mundo es habitable. Gracias al amor, el mundo irradia calor y posibilidades de habitabilidad. Sin amor el mundo no es casa o domicilio para los seres humanos. Construir el amor es construir el mundo. Es crearlo y recrearlo a la vez. Los constructores del amor son creadores y recreadores del mundo y de su felicidad, en la misma proporción en la que, quienes no aman y odian, son sus detractores.

Felicidad con medida

Son muchas las personas desasosegadas, inquietas y alteradas con las que nos encontramos en la vida. Todas ellas lo pasan mal y, por supuesto, hacen que los demás también lo pasemos mal. «Los demás» engloba a padres, hijos, esposa, esposo, compañeros de trabajo, súbditos y empleados, jefes, amigos... El desasosiego genera infelicidades propias y ajenas, graves e imprevisibles. La mayoría de ellas son al menos tan absurdas como proporcionalmente son las causas que las provocaron.

Entre tales causas resaltamos en esta ocasión la actitud mantenida por determinadas personas de no saber al menos con conocimiento suficiente lo que quieren para sí mismas y para los otros y cuál es su verdadera medida. Otra de las causas es haber colocado la meta de sus aspiraciones en cotas tan altas que, hagan lo que hagan o se esfuercen lo que se esfuercen, jamás podrán alcanzarla.

A todos estos desasosegados les sale ahora y aquí al encuentro nada menos que Leonardo da Vinci con uno de los pocos versos que se conservan de él y que corresponde al comienzo de un soneto, en el que proclama lo siguiente: «Quien no puede conseguir lo que quiere, que quiera o aspire a conseguir lo que puede». Es que, en definitiva, hay que medir ponderadamente las fuerzas, después de haberlas descubierto y de habernos descubierto a nosotros mismos. Si no sabemos de verdad lo que podemos, pese a que a veces podremos más de lo que creemos, o si lo que queremos es ciertamente inasible, la felicidad jamás llegará a ser nuestro patrimonio.

La voz es creadora de la felicidad

De las demás personas cercanas o lejanas a nosotros mismos, necesitamos todo o casi todo. Nadie es autosuficiente. Dependemos de los demás siempre y en todo. Y unos necesitan unas cosas y otros, otras. Depende de personas, de momentos y de circunstancias. Una definición buena de lo que somos los hombres recorre el camino de nuestras dependencias y de cuanto nos falta... Más que ser lo que somos, somos lo que nos queda por ser.

Y, entre tantas cosas como necesitamos de los demás y de lo que nos sentimos deudores, sobre todo en momentos extremadamente importantes y de los que hasta llega a depender nuestra vida, es de su voz. Necesitamos la voz de los demás allí donde falla la nuestra... En lugares y en momentos en los que nuestra voz es estridencia, vacío, silencio o inarticulado e inexpresivo ruido, la voz de los demás es nuestra salvación. Gracias a ella podemos salvarnos. Si no hubiera sido por la voz ajena, hubiéramos dejado de existir... Esa voz fue la nuestra y la de la humanidad entera puesta a nuestra disposición y a nuestro servicio. Esa voz fue nuestra bandera, nuestro clamor y la manifestación de nuestra existencia.

En unas ocasiones carecemos de voz, en otras ésta no es perceptible y en otras la voz nuestra es interpretada al revés o incorrectamente por otros. En estas circunstancias siempre precisamos de voces ajenas. Hechas ellas propias y nuestras, el camino del entendimiento y el encuentro con la salvación está relativamente cerca. Siempre que falle nuestra voz, nos será posible disponer de la voz ajena. Lo único que se nos exige es tener asimismo nuestra voz disponible a la de los otros. La disponibilidad de las voces humaniza la relación y crea y hace crecer el diálogo de la comprensión, de la paz y del entendimiento, es decir, de la felicidad.

Jamás da risa la felicidad

Dar alegra y, a la vez y por eso, es alegre. Dar hace feliz. Entre todas las cosas que podemos hacer en la vida, dar es de lo que más alegría y felicidad proporciona a las otras personas. Quien da, alegra tanto como se alegra a sí mismo. Cualquier donación es y suscita alegría y felicidad.

Pero paradójicamente, y en conformidad con la terminología al uso, «dar risa» es de lo más triste que puede acontecerle a cualquier persona, aunque el segundo término de la relación hasta lo pase bien y se ría... Dar risa es dar –es decir, merecer– conmiseración, lástima y pena. Dar risa es dar –que en tantos casos equivale a recibir– y quiere decir que, demos lo que demos y aun sin dar, en la relación con los demás, éstos nos considerarán como objetos o sujetos ridículos, jocosos, extravagantes, cómicos y, en el mejor de los casos, divertidos.

Y hay una situación en la vida en la que corremos el riesgo mayor de dar risa, en desprestigio personal y sin que con ello se le aporte a la humanidad un ápice de alegría... Esta situación es la coincidente con la determinación y práctica de querer parecer lo que no somos... Ciertamente: cuando queremos parecer lo que no somos, damos risa... Para desgracia de todos, muchos y muchas están empeñados de por vida en aparentar lo que no son ni podrán ser jamás. Muchos y muchas se pasan la vida aparentando ser lo que no son o pareciendo ser más de lo que son. La infelicidad y la amargura les acompañarán permanentemente no ahorrándose gastos, salud y esfuerzos... Y tal amargura les resultará indescriptible al percatarse algún día de que lo único que han conseguido es dar risa a los otros... Después de tantos sacrificios invertidos sólo en apariencias, el fruto que cosechan es, a lo sumo, conmiseración, lástima y pena... Hoy está ya la gente suficientemente espabilada como para que las apariencias no la deslumbren o engañen...

La felicidad ama la verdad

Es cierto que delante de los hijos no esta bien plantear determinadas cuestiones. Es norma de prudencia elemental y educadora. No obstante, y por ancestrales miedos absurdos, se dejan de plantear delante de los hijos problemas que les competen a ellos tanto como a los padres y cuya solución reclamaría su participación para que ésta aspirara a ser mínimamente correcta. La responsabilidad educativa primaria exige que los hijos estén enterados de lo que en realidad le compete a la familia, de cuya felicidad también son sus protagonistas.

No obstante, en España se registra con frecuencia la vieja manía de que los padres no hablen de dinero delante de los hijos, ni para amargarse ni para congratularse con ellos... Es una costumbre o manía como otra cualquiera, pero que no favorece en nada la buena marcha de la familia en la que ellos se educan... Y es que los hijos tienen que estar correctamente informados, para llegar un día a estar correctamente formados. Si las circunstancias económicas familiares son difíciles y aun precarias, no es positivo engañarlos y hacerlos vivir en el mejor de los mundos, en un intento infeliz y deseducador de evitarles sobresaltos y preocupaciones. Si las circunstancias económicas familiares son buenas, también los hijos han de conocerlas, con el fin de que responsablemente sepan a qué atenerse y afrontar los gastos con tino y con ponderación.

Y es que lo que educa es la verdad. La mentira deseduca y destruye. Quienes fueron educados en la mentira, aunque a ésta la inspirara la buena intención, no alcanzarán jamás la frontera de la educación. Los hijos han de participar en el conocimiento y en las decisiones familiares relacionadas con la economía, afectándoles éstas tan de lleno, no sólo en el momento, sino en su futuro laboral o profesional. Dejarlos al margen de tal conocimiento, es dejarlos al margen del camino del verdadero y actualizado proceso de la educación felicitaria.

La felicidad está en el cuerpo y en el alma

Aseverar que el hombre –la persona humana– consta de cuerpo y de alma no es tan veraz como formular la proposición de que el hombre –el ser humano– es cuerpo y es también alma. Las dicotomías relativas al cuerpo y al alma suelen ser con frecuencia incorrectas y hasta pueden y deben ser catalogadas como insensatas y espúreas, por proceder en gran parte de formulaciones paganas, muchas de ellas anteriores a la misma religión cristiana y que fueron trasvasadas a ella como otros tantos productos falsos y bastardos. A la filosofía más cristiana, y a la vez más humana, le compete la revaloración actual del cuerpo que llega a definir a la persona, en idénticas o similares proporciones a como lo define el alma.

Y en tal perspectiva referimos el sencillo y elocuente principio de felicidad personal de que «el destino del cuerpo es otro cuerpo» y de que, por lo mismo, un cuerpo, es decir, una persona, es atraída por otro cuerpo –por otra persona– de forma similar a como si lo fuera en virtud de la fuerza de la gravedad de la madre tierra. El cuerpo de por sí y como constitutivo del ser personal halla la felicidad en la atracción de

121

otro cuerpo, convertido en mutuo e interpersonal destino. Precisamente por eso alcanza plena validez en la órbita de la felicidad el dicho de que «poner el dedo sobre el cuerpo es tocar el cielo con la mano». Es muy lamentable que, disponiendo de la cercana y cálida posibilidad de encontrarnos con el cielo que se hizo perdurable en el ser de otra persona y en su mismo cuerpo, haya circunstancias y momentos en los que tengamos que sentirnos como desterrados, descorporizados y, en definitiva, descielados. La felicidad se halla tan activa y próxima, y con tantas y tan valiosas razones para hacerla nuestra, que resulta poco razonable que no nos la anexionamos descubriéndola en el cuerpo –en el ser– de la otra persona.

En este contexto de filosofía de la felicidad, tiene sentido la referencia clásica de que: «Dicen que el hombre no es hombre / mientras que no oye su nombre / de labios de una mujer». También encuentra sentido el pensamiento de que «hay un número corto, pero muy privilegiado de personas, que derraman luz dondequiera que ponen su mano».

Los enemigos no dan la felicidad

De los antiguos hispanos se decía que «hay algunas personas que, aun sin tener la menor causa, no pueden vivir sin enemigos». En otras palabras: hay personas que se hacen felices cuando, al efectuar el recuento de quienes puedan ser etiquetados como sus enemigos, encuentran con que tal recuento es muy numeroso. La felicidad para éstas se halla en el volumen y peso con que puedan contar quienes logren la consideración de enemigos. Es decir, la felicidad para ellas viene a hombros de los enemigos o, lo que es lo mismo, quienes no tienen enemigos, llegan hasta a inventárselos y de esta manera alcanzan grados de felicidad que para sí quisieran y se procuran otros.

Por supuesto que tal felicidad es sin consistencia y ficticia. Es inventada. Es fruto de la imaginación y de la soberbia. Es consecuencia de querer aspirar a que todo aquello que se tiene o que es en cierto sentido de la propiedad de otro, sea más ponderado, mayor y más conocido y reconocido que lo que le es o le pertenece a las demás personas. La felicidad para muchos está en gran parte en vencer y no en convencer. En vencer valiéndose de cuantas armas estén a su alcance sin discernir si éstas son desproporcionadas y si hay o no causas suficientes para que de alguna manera se justifiquen sus predecibles efectos. Muchos quieren ser felices a costa de todo y de todos y sin que les pase siquiera por el pensamiento la posibilidad de que su felicidad sea infelicidad para algunos.

La explicación a tal desbarajuste de ideas y de procedimientos puede hallarse en el principio de que «pasión quita conocimiento». Y es que la felicidad, para serlo de verdad, tiene que constituirse de reflexión y conocimiento. Su falta delata asimismo la de la felicidad. La felicidad ha de ser propia de la persona y es el conocimiento lo que a ésta le confiere parte de su esencia. Si la pasión quita o aminora el conocimiento, también quita o aminora la capacidad de ser feliz. La solución, al menos en teoría, es bastante sencilla: que no sea la pasión la que domine, sino que lo sea el entendimiento.

Los «disminuidos verbales» no son felices

Además de los disminuidos físicos y mentales, nos encontramos frecuentemente en la vida con otra clase de disminuidos que, por llamarlos de alguna manera, los denominamos «disminuidos verbales». Son hoy muchos. Entre los jóvenes y entre los adultos, aunque éstos lo sean y ejerzan con resabios o nostalgias desproporcionadamente imberbes o mociles.

Los disminuidos verbales son aquellas personas que sistemáticamente hacen uso de palabras a las que cercenan su última parte. Dicen «profe», «mate», «pantas», «calces», «zapas»... en lugar de decir profesor, matemáticas, pantalones, calcetines, zapatos... Podan y mutilan una buena parte de las pocas palabras de las que hacen uso para expresarse y de este modo pretenden y hasta creen relacionarse con familiares y amigos... Les sobran la mayoría de las palabras y, a las precisas, las someten a la cirugía de las prisas y del mínimo esfuerzo. La jerga que usan es ininteligible para quienes no estén de acuerdo o no están convenientemente iniciados en ella.

Esto no sería más que un juego y una moda efímera y sin más repercusiones si no respondiera efectivamente a un comportamiento y estilo de vida regido por la ley infeliz del mínimo esfuerzo, que pasa por el empobrecimiento personal interior y que además supone una desconsideración para quienes nos rodean... Recortar sistemáticamente las palabras presupone recortar también los propios pensamientos. El empobrecimiento del lenguaje es una de las señales más claras del poco contenido interior que poseen los usuarios del mismo. Los disminuidos verbales son aspirantes a constituir un día asociaciones que, de forma similar a las de los disminuidos físicos o psíquicos, se responsabilicen de la tarea de defender sus intereses contra quienes no padecen disminución de ninguna clase, por lo que tienen que ser mucho más fuertes que ellos... La disminución verbal genera situaciones y estados de infelicidad similares o mayores a los que crea la disminución física o psíquica.

La felicidad de los hijos

«No tenemos los hijos que nos merecemos, sino únicamente los que tenemos». De este planteamiento familiar tan elemental hay que partir al distribuir las responsabilidades y al buscar explicaciones a determinadas situaciones y comportamiento de felicidad o infelicidad familiar. Ciertamente nadie tiene los hijos que se merece o que cree merecerse. Los hijos no tienen por qué recorrer caminos de merecimientos para hacerse presentes en la vida. Se hacen presentes por otros caminos. Los hijos no sólo se tienen, sino que además nos tienen. Entre estos dos convencimientos se forman y deforman, se educan y se deseducan, se desarrollan y crecen...

Únicamente tenemos los hijos que tenemos. No se pueden tener otros, ni se los puede cambiar por otros. Es imposible intentar una transacción por los hijos de otros, aunque sean familiares o amigos. No lo permiten las leyes, ni los sentimientos, y posiblemente nadie resultaría beneficiado en el canje o la transacción. Ni a los hijos ni a los padres de unos y otros les favorecería el cambio. La idea que algunos tienen de que seguramente en este o en otro ambiente, y con estos o aquellos padres, tal o cual hijo sería de distinta –es decir, mejor– manera, no tiene consistencia psicológica alguna. Los hijos no son sólo producto de un ambiente ni de un entorno familiar o social, sino de muy diversos factores.

Quede bien claro que los hijos no se merecen. Si así fuera, no tendría explicación que se merecieran unos sí y otros no, aun entre los mismos hermanos, con tantas y tan importantes diferencias. Los hijos se tienen, nos tocan o nos corresponden. Es una especie de lotería o sorteo en el que no cabe más que su aceptación, aunque se intente después, y eficazmente, su educación por todos los medios posibles, con la esperanza de que ella favorecerá su crecimiento integral, hasta hacer de ellos hombres acabados y adultos. Ni nos vamos a cruzar de brazos por tener los hijos que tenemos, ni nos vamos a desesperar por tener o no tener los que realmente quisiéramos tener.

La felicidad de la mujer–hembra

Felizmente pasaron los tiempos en los que la aspiración y los ejercicios más reconfortantes, anhelados y hasta codiciados de parte de la humanidad coincidían en gran manera con los propios de la hembra, que habrían de identificar la función y el comportamiento femeninos. La mujer–hembra era en nuestra civilización occidental, y sigue siendo aún en la de muchos otros países de corte oriental, esquema de vida para ellas, para el hombre y para la sociedad en general. Apenas si podía aspirar la mujer a otra función que a la de ser y ejercer de hembra. Ser y ejercer de persona y de mujer les estaba, y les sigue estando, vedado, por costumbres, por religión y por ley que en algunos casos, llega hasta a dictar e imponerles sanciones muy graves cuando la infringen.

Pero cuando la mujer se sienta tratada como mujer, con el concluyente reconocimiento de que es persona, es cuando ella puede pretender ser feliz. Con la sensación y demostración fehaciente de que ni la sociedad, ni el hombre, ni la religión o las religiones, ni las leyes tienen en consideración a la mujer como mujer–persona, ella está incapacitada para conseguir la felicidad. La mujer–hembra, la mujer–madre objeto de reproducción, la mujer–objeto de placer, jamás podrá ser feliz, sobre todo en estos tiempos en los que por fin, ella reivindica para sí tan elemental dignidad y prerrogativa. Le llena de insatisfacción tener que reconocer que, mientras ella era estimada, considerada y tratada fundamentalmente como «hembra», el hombre –su hombre– no lo era del mismo modo como «macho» o, si así ocurría, sus prerrogativas resultaban ser mucho más superiores.

Bien es verdad que, para que la mujer alcance la privilegiada situación y el mérito de la maternidad, se requiere haber ejercido la función de hembra, pero sin que tal función pudiera haber dejado fuera de ella la realidad entitativa de su ser de mujer. Tan elemental convencimiento no se alcanza o se pierde con tan lacerante frecuencia que a veces resulta ominosa y humillante. El trato que se le confiere a la mujer–hembra jamás podrá hacerla feliz, pese a que en ocasiones sean muchos los que hasta lleguen a predicar y magnificar sus virtualidades cuando los índices de natalidad en España son tan escandalosa y preocupantemente bajos.

Mirar acrecienta la felicidad

Lo más importante de la vida lo tenemos que aprender por nosotros mismos. No nos lo enseñan. Paradójicamente, los padres y educadores se empeñan en explicarnos infinidad de cosas y en intentar que las hagamos de esta o de aquella manera, pero lo que realmente tiene importancia lo dejan a nuestra total iniciativa. Normalmente no nos enseñan a hacer las cosas, sino sólo cómo hacerlas. Les importan más el cómo, que el qué y el adverbio que el verbo.

Pensamos esto, por ejemplo, a propósito del mirar. Nadie nos enseñó a hacerlo. Nadie nos explicó que tenemos que mirar por nosotros mismos y no por los otros. Nadie nos enseñó que los ojos servían para mirar y que esta función tenía que ir acompañada de la de prestarle atención a las personas y a las cosas. No se nos resaltó la necesidad de mirar siempre con los ojos propios y no con los ajenos. No se nos obligó a ejercitar nuestros ojos a la vez que nuestra intención.

Y, como consecuencia de tal desinformación, nos quedamos infelizmente muchas veces sin mirar. No miramos o, si miramos, no vemos. Los ojos nos sirven poco más que de adornos, por lo que permanecemos en la más completa indigencia y oscuridad personal. A consecuencia también de tal desinformación, no vemos por nosotros mismos. Vemos por los demás que son los que nos imponen su visión de las cosas, desde sus propios intereses o convencimientos políticos, sociales, religiosos, profesionales... Pocos ven por sus propios ojos. Son otros los que ven por los suyos y por los nuestros, de forma tan generalizada, que sólo ellos deberían tener ojos y nosotros tener otra cosa... o darles a ellos otro uso, como el de ser manantiales de lágrimas. Mirar por los ojos ajenos no es mirar. Los ojos son ojos porque ven y porque nos vemos por ellos. La mirada o la visión impuesta nos roba nuestra personalidad. Es decir, nos roba los ojos, hundiéndonos en las tenebrosidades de la duda, de la desesperación, y consiguientemente, de la infelicidad.

Profesión y sexo

Es cruelmente deplorable que todavía, –sí, todavía– socialmente a la mujer se la identifique por su sexo, mientras que al hombre se le identifique por su profesión o por la función social que ejerce o realiza.

Y que nadie crea que este aserto pertenece al pasado, porque en la actualidad se dan ya casos de mujeres que ocupan puestos de responsabilidad, que hasta hace muy poco tiempo se les reservaban a los hombres. Que nadie crea que los tiempos han cambiado tanto como para que pierda sentido y contenido esta lamentación. Sigue siendo todavía cierto que a la mujer la define fundamentalmente el sexo. Lo mismo en la vida familiar, que en la social, es el sexo lo que especifica, determina y fija a la mujer ante el hombre. Y es la profesión y la función social lo que distingue, señala y designa al hombre ante la mujer y ante las demás personas. Mientras que el sexo distingue y discierne qué y quién es la mujer, la actividad es lo que distingue y discierne qué y quién es el hombre.

Ciertamente, la comprobación de esta realidad es perniciosa para la mujer, para el hombre y para la sociedad. La mujer no sólo es ni aporta sexo. Aporta pensamientos, sentimientos y actividad. Aporta su preparación, que puede estar al mismo nivel que la del hombre y que, si no lo está ya, no es culpa suya, sino de la sociedad creada y mantenida en recalcitrante estado machista por él. La mujer no es sólo ni fundamentalmente sexo, aunque a veces se empeñe el hombre en que lo sea y lo siga siendo a perpetuidad. El hombre no es tan sólo ni fundamentalmente profesión o función social. El hombre no se identifica únicamente con lo útil y lo beneficioso para la sociedad. Desgraciadamente son muchos los desmerecimientos, las erubescencias y las vilezas con las que también se identifica.

Frases de felicidad

Cuando leemos con suficiente atención ciertos libros nos resulta muy fácil recrearnos y hasta captar algunos de los pensamientos que ellos contienen relacionados con la felicidad. Frases de felicidad con multitud de colores y giros mariposean en torno a sus páginas invitándonos a leerlas y releerlos una y otra vez. En estos momentos acaban de sorprendernos algunos de ellos. «Pasa con la felicidad, como con los relojes: que los menos complicados son los que menos se estropean.» «Lo que merece ser hecho, merece que se haga bien.» «La vida es un todo: el bien y el mal deben ser aceptados y valorados juntamente.» «Amigos son los que en las prosperidad acuden al ser llamados y en las adversidades sin serlo.» «El que busca un camino para llegar al mar, que siga río abajo.» «No prestamos atención alguna a lo que tenemos ante los ojos; indiferentes a lo que nos rodea, vamos en pos de lo remoto.» «La contemplación de la naturaleza ha llegado a convencerme de que nada de lo que podamos imaginarnos es increíble.» «Nunca mejora su estado quien muda solamente de lugar y no de vida y de costumbres.» «Se habla muy ligeramente del humor y de la risa, pero yo la considero como una de las ocupaciones más serias de la humanidad.» «Sed mejores y seréis más felices.» «Tengamos salud, que los dineros no son lo primero.» «La felicidad consiste en conocer los propios límites y amarlos.» «Existen daltonistas espirituales que no aciertan a distinguir el verde de la esperanza del rojo de la felicidad.» «El premio de una buena acción es haberla hecho.» «Hay gentes a las que el solo hecho de respirar parece dar alegría.»

El poeta persa Muslih al Din Saadi, que vivió en el siglo XIII, dejó escrito este pensamiento: «Me lamentaba por no tener calzado, cuando al pasar frente a la puerta de la mezquita de Damasco vi a un hombre al que le faltaban las piernas. Cesé de lamentarme y de murmurar contra el destino». La felicidad exige tener los ojos abiertos. Exige no cerrarlos jamás, ni siquiera cuando hay que ver las desgracias ajenas. Exige pasar sin pasar, es decir, pasar deteniéndose, para así poder reflexionar y comparar.

Felicidad total

Por viejo, por sabio y por santo se sabe todo o casi todo lo que tenga alguna relación con la felicidad. Desde la cima de la santidad, de la vejez y de la sabiduría se columbra a la perfección el panorama de la vida propia y ajena y es fácil descubrir lo que configura el esquema de la auténtica felicidad. Por el ventanal de la vejez, de la sabiduría y de la santidad de Confucio se han asomado a lo largo y a lo ancho de la historia multitud de generaciones movidas por el afán de hallar la felicidad en esta vida y en la otra. Confucio es uno de los personajes a los que más le debe la historia de la felicidad en sus planteamientos más radicales y convivenciales. Y en el florilegio de pensamientos que le dedicó a este tema, resaltamos algunos.

«Cuando veas a un hombre bueno, trata de imitarlo; cuando veas a uno malo, examínate a ti mismo.» La razón de ejemplaridad contribuye al acrecentamiento de la felicidad de forma expedita y eficaz. El sentido de la imitación, cuando se trata de calcar y de hacer propio y personal un arquetipo, estimula la marcha en dirección a la consecución de la felicidad. «Donde hay educación, no hay diferencias de clase.» Desde el convencimiento de que las diferencias de clase llevan consigo disgregadores gérmenes de discriminación, si la educación es su verdadero antídoto, es imprescindible su cultivo en sus principios y consecuencias más sustantivas. «Saber que se sabe lo que se sabe y qué no se sabe; he ahí el verdadero saber.» Un principio de sabiduría elemental que elimina infinidad de tiempos y espacios de infelicidad.

Confucio prosigue su reflexión sobre la felicidad, que refleja en muchas más sentencias, similares a ésta: «Sólo puede ser feliz el que sepa ser feliz en todo». La aspiración a la felicidad permanente y satisfactoria está vinculada a la felicidad en todo y, por supuesto, con todos. La felicidad no acepta compartimentos ni estancos, ni reducidos, ni tampoco fugaces. La fórmula de la felicidad siempre es amplia y generosa. Y en su planteamiento, el mismo Confucio tiene sensatamente presente que «algún dinero evita preocupaciones, pero mucho dinero las atrae».

Mujer–felicidad y felicidad–mujer

Cada uno es, o puede ser, feliz por multitud de razones, y en función de cómo es, de lo que es y hasta de cómo lo dejan ser. Hombre y mujer tienen una irrefrenable vocación de felicidad, lo que quiere decir que, para que ésta se pueda ajustar a todos y a cada uno de ellos, sus fórmulas han de ser prácticamente infinitas. Pero existen siempre unas constantes exigidas por la naturaleza o por la propia condición de persona, que reclaman ineludiblemente ser tenidas en cuenta y respetadas como condición imprescindible para que el estado que se dice de felicidad lo sea de verdad y con todas sus consecuencias de fértil comodidad para uno mismo y para las demás personas.

Por lo que hace referencia a la relación mujer–felicidad, tal y como se encuentran los tiempos presentes y las sensibilidades, la reflexión hace concluir que la primera condición requerida por ellas mismas es que le sean reconocidos sus derechos siempre, y en todo y a todas, en idéntica proporción a los de los hombres. Ser tratada como una persona abre las posibilidades de que la mujer sea hoy feliz. No están muy lejanos los tiempos en los que ser y aspirar a objeto de lujo pudo haber sido meta de felicidad femenina. Esos mismos tiempos recababan para que la mujer fuera feliz ser tratada también como objeto –y no sujeto– de placer. Y, lógicamente, la mujer no era feliz. Era radicalmente infeliz. Los hombres hasta podían engañarse a sí mismos más o menos egoistamente pensando o creyendo que ellas eran felices. Pero cualquier desinteresada reflexión podía demostrarles todo lo contrario.

En líneas generales, y como otros tantos puntos de referencia para ulteriores consideraciones, la mujer será ciertamente feliz cuando sea y se sienta comprendida, admirada, estimada y, sobre todo, amada. La comprensión, y no por piedad, sino por solidaridad, es fuente clara de felicidad para todos y un poco más para la mujer. La estima, el respeto y la valoración de lo que se es y de lo que se tiene, es ya fuente de felicidad. Lo mismo lo es la admiración que, si hasta ahora parecía ser prerrogativa del hombre, es aspiración legítima y reconocida de la mujer. Y, por encima de todo, el amor, que hace ser felices a los seres humanos, cuando su protagonista es una mujer es más amor y la mujer más mujer.

La felicidad del Arcipreste (de Hita)

En su *Libro de Buen Amor* recoge el Arcipreste de Hita el pálpito auténtico de las personas y de las cosas que configuraban los lugares tan preciosos de la naturaleza por los que hacía recorrer sus caminos. En los números 950 y 951 se nos hace el encontradizo tan pícaro y observador Arcipreste y nos dice: «Quien más de pan de trigo busca, syn seso anda» y «quien busca lo que non pierde, lo que tien`deve perder». Estas frases constituyen argumentos valiosos que apoyan y documentan la necesidad de buscar la felicidad en la naturaleza.

El «pan de trigo», vitalmente necesario para el mantenimiento integral del hombre, se identifica con todo lo que sea contemplación, silencio, soledad, encuentro consigo mismo y con la naturaleza, belleza del paisaje, armonía del conjunto, luz, frío, calor, color... Quien no haya encontrado todavía en su vida este «pan de trigo» es evidente que, de no hacer todo lo posible por buscarlo, «syn seso anda». Es decir, es un insensato, y un indocumentado. Esto es: le queda mucho camino por recorrer para ser él mismo. Y la consecuencia lógica es la apuntada por el mismo Arcipreste: «Quien busca lo que non pierde, lo que tien`deve perder».

La Naturaleza es don grande, maravillosa riqueza del hombre y de la humanidad. La Naturaleza y sus recursos son fuentes de vida y de felicidad. Sin naturaleza es imposible la vida. Sin los recursos naturales,la vida –la felicidad– se ausenta y emigra. Buscar lo que se ha perdido, es decir, la naturaleza, es actividad que se halla en la raíz del mejor, más culto y más moderno y antiguo turismo ecológico. La Naturaleza es meta de búsquedas radicalmente turísticas. La Naturaleza y su conocimiento, disfrute y respeto, deberían asentarse en la raíz de aquellas programaciones turísticas que pretenden ser respuesta adecuada y feliz para las exigencias del hombre en la actualidad. Con palabra rotunda, el Arcipreste asegura consecuentemente y desea que aun «lo que tien`deve perder» aquel «que busca lo que non pierde», siendo tan patente una pérdida de algo tan importante como es la Naturaleza, fuente de felicidad.

Jamás alza la voz la felicidad

Se trata de un mandato del antiguo libro religioso del Talmud: «Ama a tu mujer como a ti mismo. Evita alzar la voz cuando te dirijas a ella y no haya cólera en tus palabras. Si tu mujer es enana, bájate para hablarle al oído...».

Así, como a ti mismo. El hombre es la medida. Y es que la mujer es parte del hombre. Y el hombre es también y en idéntica proporción parte de ella. Parte, y todo a la vez. Ella es él y él es ella. Uno y otra no son dos: son uno. Por eso, el amor al otro es tan fuerte, integral e integrador como el amor a uno mismo. El otro es yo mismo. Se ama, al amarse, en idéntica proporción y medida. Y, en relación con el respeto, la tasa ha de ser mayor: más en el otro que en uno mismo. El respeto duplica al menos la proporción del amor. El respeto es como su espuma. Esta fórmula del libro oriental asegura la estabilidad y la ebullición fecunda del amor.

Y, en la relación hombre–mujer, no debe caber siquiera la posibilidad de que uno le alce al otro la voz. La voz no crea relación. La mata. La voz –el grito–, espanta los sentimientos y los pensamientos amables y los torna agresivos y disgregadores. La voz y el grito anticipan y expresan la cólera y ésta hace imposible el amor. Si la mujer es enana, porque no creció como el hombre, porque éste la eligió voluntariamente así, porque menguó al mismo ritmo de su entrega al marido y a los hijos, porque absurdamente pensó que así le agradaba más, o por otras razones o sinrazones, para lograr el feliz entendimiento entre los dos, el que sea o esté más alto ha de ponerse al mismo nivel y hablarle al otro al oído. Cariñosamente, comprensivamente, complacientemente... Hablando al oído es como se entiende la gente. Gritando es como se perturban y confunden. El hombre y la mujer dejan de serlo cuando se hablan a gritos o se levantan la voz...

«Mañanear» es verbo feliz

«Mañanear» es un verbo que procede del sustantivo mañana. Y mañana es lo que no es hoy, ni fue ayer. Es lo que será o está por venir o por ser. *Mañanear significa, más o menos, vivir, estar o pretender vivir y estar ya en el mañana.* Por supuesto que no incluye el desprecio al pasado o al presente. No hay que repudiar o borrar lo que se fue o lo que se es, para intentar ser otra cosa, aunque ésta pueda ser hasta mejor.

A la mujer, por mujer, le compete «mañanear» posiblemente un poco más que al hombre. Ni el pasado ni el presente son para ella tiempos tan gratificadores como para que los añore, o para que quiera echar su ancla en ellos. El pasado y el presente no dignificaron ni reconocieron los valores de la mujer y ésta no echará esos espacios de menos, sino todo lo contrario. «Mañanear» es para la mujer vivir en la esperanza. Con proyectos. Pensar y sentir en el futuro. Adelantarse a los acontecimientos. Empujar previsoramente la vida. Anticiparse a los otros. Aventajar a los demás. Madrugar más que ninguno... Vestirse de aurora y de luz recién estrenada... Ganar tiempo.

Realmente a la mujer se le exige un esfuerzo grande para conseguir que le pertenezca el futuro. Pero en su empeño y en su logro está a la vez el futuro de la humanidad. En manos del hombre, el pasado y el presente. Todos hemos comprobado lo que uno y otro han dado de sí. Y su historia no ha sido ni es demasiado halagüeña. La humanidad no puede permitir que la mujer siga viviendo al margen de la historia, dejándola en manos exclusivamente del hombre. Para eso, y decididamente, ha de «mañanear». Para eso ha de despertarse cuando aún están en el cielo las estrellas, madrugando y levantándose con el rocío y con la luz.

La felicidad tiene nombre de mujer

El hecho de vida del que parte esta consideración es el siguiente: en no pocos comentarios de mujeres casadas advierten las mismas tener algo así como la sensación de ser otros tantos objetos transparentes para sus maridos, dado que su mirada en frecuentes ocasiones no se detiene en sus rostros cuando les hablan, sino que las traspasan para fijar su atención en cercanos o lejanos objetos... Estas mujeres manifiestan su convencimiento de no ser conocido su rostro a la perfección por sus maridos o por los hombres con los que conviven o tratan. Son muchas las que están convencidas de que, si ellos fueran pintores, habría muchos que jamás podrían dejar feliz constancia pictórica del rostro de ellas.

Y la constatación de tal sensación incide de forma particularmente directa en la construcción de la felicidad interpersonal del hombre y de la mujer. El rostro de la mujer, además de bello y de deleitoso, refleja con exactitud si es o no feliz y qué es lo que hace que ella lo sea o no lo sea. El rostro femenino, un poco más aun que el del hombre, es espejo del alma. Esto quiere decir que no resulta difícil averiguar el grado de felicidad o de infelicidad que ella posee o al que ella aspira. Y ocurre también que este rostro contribuye de forma muy específica además a aumentar la felicidad del hombre y del ambiente familiar o social en el que se mira y, a la vez, es mirado. La mujer, por su rostro, crea y canaliza la felicidad-ambiente y la acrecienta «a fondo perdido», que es para ella fórmula exacta y fija para acrecentar sin límites su propia felicidad.

Dónde y cuándo la inteligencia del hombre debiera manifestarse con generosidad y acierto habría de ser en contribuir a la felicidad radiante de la mujer, que se expresa en su rostro. De él irrumpe en cuantas personas conviven con ella y se expande por todo su ambiente, tornando mucho más felices a los hombres. De la felicidad de la mujer depende en grado muy eminente la felicidad del hombre en el mundo y la felicidad de este mismo mundo. Un mundo con mujeres felices, es un mundo–paraíso en el que el ideal de su perfección llama con insistencia, legitimidad y seguridad a sus puertas.

La felicidad del desterrado

Es ciertamente una felicidad muy difícil de ser alcanzada. De las más difíciles que puedan registrarse en la vida e historia de los seres humanos. Pero es una felicidad a la que puede llegarse, aun cuando sea necesaria mucha reflexión, una buena dosis de resignación positiva y estimuladora y un caudal de imperturbable esperanza. Hacemos referencia a la felicidad del ostracismo, a la que muchos y con sobradas razones podrán tachar de negativa y de inexistente. El ostracismo era y sigue siendo definido como un destierro político que se acostumbraba dictar y llevar rigurosamente a la práctica entre los atenienses. Hace también referencia a una ley que se promulgó también en Corintio que prohibía que alguien destacara entre las demás personas, por lo que habría de verse obligado a marcharse voluntariamente de la ciudad y, si no lo hacía, se le expulsaría a la fuerza.

El ostracismo fue norma de comportamiento político y hasta ciudadano tan generalizado en la antigua Grecia, que quienes brillaran y fueran estimados como personas insignes, por sus consejos, cualidades o aspiraciones, habrían de ser desterrados, sin más. Brillo personal, aunque fuera muy merecido, y permanencia en su ciudad o en sus cargos, resultaban ser incompatibles. O se desterraba por sí mismo o se exponía a que lo desterraran otros –los defensores de la ley– echando sobre él todo su peso. La ley solía cumplirse con el correspondiente rigor y hay quienes interpretan este estado y comportamiento legales, como base y fundamento de la democracia, que tanto se magnifica y de la que se refiere que fuera ejemplo la antigua Grecia, y a cuya formulación ayudaron tanto los más grandes filósofos.

Realmente resulta difícil hallar la felicidad en el ostracismo. Si estudiamos la Historia, se llega a la conclusión de que a simple vista, la felicidad de los condenados a ser desterrados sólo por poseer y serles reconocidas determinadas cualidades ciudadanas, únicamente radicaba en que de esta manera contaban con más tiempo para profundizar en su reflexión y prepararse para algún día poner sus cualidades de nuevo al servicio del pueblo. La felicidad, por muy irracionalmente que se oculte o la oculten, podrá ser siempre encontrada. Basta la buena e inteligente actuación.

Secretos de la felicidad

La felicidad y su consecución tienen muchos secretos. Unos son públicos, pero su conocimiento y su uso, por lo inhabituales, merecen la consideración de secretos. La felicidad está constituida también por determinadas fórmulas–secretos y una de ellas es ésta: «Tenemos solamente la felicidad que hemos dado». Si la felicidad que damos, o a la que contribuimos a dar y a repartir cabe en tan sólo unas personas o en tan sólo unos tiempos y unos lugares y nuestra medida es siempre parca y restringida, nos estaremos condenando a nosotros mismos a que la felicidad que otros se dispongan a darnos se ajuste a esas proporciones con lógica aplastante. Si el proyecto que tengamos de donación de nuestra felicidad a los otros, no tiene medida, por ser inconmensurable, también tal característica será la que rija la donación o la contribución de la felicidad ajena a la nuestra.

«Esperar una felicidad demasiado grande es un obstáculo para la felicidad». Cada uno tiene su felicidad y ésta se hace, o hay que hacerla, a la propia medida. Rebasar los límites del deseo en cuanto a lo que podamos y debemos aceptar y asumir de felicidad sería vano intento de ser algún día o alguna vez de verdad felices. Si esperar por sistema una felicidad reducida y enclenque nos incapacita para la consecución de la felicidad que podríamos merecernos, aspirar de por vida, siempre y en todo a la felicidad más grande posible nos condenaría a la infelicidad con todos los predicamentos en nuestra contra.

Otro secreto en relación con la felicidad se esconde en estas palabras: «El hombre más feliz es aquél que sabe reconocer los méritos de los demás y puede alegrarse del bien ajeno, como si fuera un bien propio». A la luz de este criterio–secreto de felicidad, es explicable que no sean muchas las personas felices que estén registradas en los catálogos de nuestra convivencia personal. Es explicable asimismo que quienes, a consecuencia de este compromiso y consecución, estén en ese catálogo sean felices de verdad y su estado de felicidad perdure, siempre y cuando conserven su dedicación y la sigan poniendo fielmente en práctica.

¿Felicidad a destiempo?

Una de las notas más características de la verdadera felicidad es su oportunidad. La felicidad exige su tiempo. La felicidad reclama su oportunidad para ser y ejercer como tal. A destiempo, la felicidad llega a veces a tornarse infelicidad. «Antes» o «después» son términos que condicionan y afectan tanto a la felicidad que a veces puede marchitarla o deteriorarla. La felicidad a destiempo no es felicidad, aunque sigan perdurando ciertas condiciones que en otros momentos la hubieran hecho apetecible y por la que en su consecución se hubieran movilizado multitud de fervientes y eficaces deseos. La conveniencia de tiempo y de lugar facilita, enraíza y expande la razón de ser de la felicidad.

En esto de la felicidad, al igual que en tantos otros episodios y esferas de la vida, los griegos contaban siempre con lo que llamaban «kairós», o el momento oportuno, constituido en el ingrediente decisivo para el cabal desarrollo de esta misma vida. Vida sin «kairós» era para los griegos vida imperfecta o vida que se quedaba o que se había quedado a mitad de camino y de realización. El «kairós» influía en la vida de modo decisivo llevándola a su perfeccionamiento y a convertirse en deseo tangible para muchos. Si cuanto acontece en la vida para que sea digno de los seres humanos ha de ocurrir a su tiempo, y no antes ni después, la felicidad reclama con exactitud el cumplimiento del tiempo y de los tiempos para presentarse, ser y poder ejercer como tal.

El tiempo y el «kairós» de la felicidad se identifican de soberana manera con la esperanza. Pensando en ello, Alejandro Dumas aseveró acerca de la esperanza que «es el mejor médico que conozco». La esperanza cura multitud de enfermedades y heridas. La esperanza es medicina para muchas almas, con la consiguiente repercusión sanante también en los cuerpos. La esperanza es siempre tiempo de y para la felicidad. Felicidad y esperanza recorren de consuno el camino de la vida, aportándole a ésta su más brillante, oportuno y bello «kairós». El «kairós» de la esperanza simultánea con la vida momentos cumbres de felicidad.

La felicidad es espejo

La felicidad tiene sus normas y reglas de oro. Para uno mismo y para aquellas personas que la buscan, que la encuentran y que de alguna manera la administran y se la administran también a otras personas. La felicidad es un todo y una parte a la vez. Pero, todo o parte, la felicidad es uno de los conceptos que más de lleno compromete a toda la persona. Y, entre las reglas de oro de la felicidad, resaltamos ésta: «El hombre vale lo que vale el concepto que él tenga de la felicidad». Esto quiere decir que la definición más certera y adecuada del hombre o de la mujer es precisamente la felicidad a la que aspira y por la que trabaja. Con otras palabras: «Dime qué felicidad prefieres y te diré quién eres». El esquema y la vivencia que se tengan de la felicidad es a la vez esquema y vivencia de los seres humanos.

A la luz de este principio es obvio descubrir lo que es y lo que quiere ser de verdad tanto el hombre como la mujer, al colocar su ideal de felicidad en unos o en otros objetivos. Aunque en ocasiones éstos son dignos de loa y de consideración, en otras ocasiones los objetivos lo son de desdén y hasta de desprecio. Hay objetivos de felicidad que jamás podrán proporcionar estados de ánimo complacientes o placenteros, por la sencilla razón de que ni son dignos ni proporcionados a las personas humanas. Querer colocar la felicidad en determinados logros o en la consecución de algunos objetivos concretos es condenarse a perpetuidad a ser infelices o a correr el riesgo de dimitir de personas y conseguir el estatuto de animales de carga o, simplemente, ser objetos de lujo. Si analizamos con seriedad los ideales de felicidad que cultivan y a los que aspiran no pocas personas, llegamos a la conclusión de que ellos están reñidos con comportamientos y acciones racionales.

Otra regla de oro relacionada con la felicidad se formula de la siguiente manera: «Cuanto más posee el hombre, menos se posee a sí mismo». Esto, traducido al lenguaje de lo placentero y feliz, puede muy bien querer decir que, al limitar la cuantía en la posesión de bienes la capacidad de poseerse el hombre a sí mismo, automáticamente limita la medida de su felicidad. Quien tiene mucho y no se tiene a sí mismo en idéntica medida, se condena a vivir fuera de la beneficiosa influencia de la felicidad.

El alma no se malgasta

El alma es un capital muy preciado. Por el alma, las personas sienten, aman, entienden, animan y le dan calor y valor a la vida propia y a la de los demás. El alma es vida. La vida. No hay vida sin alma. Y, sin poder precisar el porqué, con frecuencia da la impresión de que el alma es mucho más alma en la mujer que en el hombre... Es como más grande en ella. Como si el alma fuera más madre que padre...

Y, como el alma es tan capital, el alma no se puede malgastar. Pero en esto hay que tener exigentemente en cuenta que, al ser un bien espiritual el alma, su derroche no respondería nunca a la generosidad en su entrega, sino a su acaparamiento. El alma se malgasta, se dilapida y se despilfarra, precisamente cuando se retiene, se almacena y se monopoliza. Le ocurre exactamente al revés que a los bienes materiales. Éstos se agotan en la misma proporción en la que se imparten a los otros. Al alma le ocurre lo contrario: su donación es riqueza.

No es lícito malgastar el alma. Es un bien propio y ajeno. Nos pertenece a la colectividad. Aún más, es un bien tan nuestro como ajeno. Y es tan de los demás como nuestro. Por eso hay que resaltar la necesidad que todos tenemos de cuidar sagradamente el alma, así como sus manifestaciones y medios por los que se proyecta a los otros. El cultivo de sus facultades, el desarrollo de la personalidad, la profundización, la conciencia, la responsabilidad, el sentido de la alteridad, la solidaridad, la alegría, la facultad de crear felicidad... son espacios interiores y exteriores en los que el alma crece, se enriquece, se prepara y se acondiciona al servicio de la colectividad. Tal es la fórmula para no malgastarla.

Hombres y mujeres felices

Tanto el hombre como la mujer pueden ser igualmente felices. Cada uno a su manera y en consonancia con lo exigido por la naturaleza, sin descartar asimismo también lo que la cultura, y hasta la seudocultura, haya podido aportar y hacer suponer. Hombre y mujer, como seres humanos, tienen un deseo irrefrenable de felicidad y sus vidas son otros tantos proyectos en los que la felicidad se ha de hacer necesariamente presente, al menos en su intencionalidad. La felicidad no tiene sexo. Más aún, tiene el sexo masculino y el femenino. Y sus proporciones y posibilidades de satisfacción y disfrute son similares en uno y en otro caso.

Pero es sentir común de quienes filosofaron alguna vez sobre el tema que «la felicidad del hombre depende en alta medida de lo que le pasa; la de la mujer también, pero aún más, de lo que es». A tenor de frecuentes y casi generalizadas experiencias, la mujer busca y encuentra la felicidad en lo que es, mientras que el hombre la busca y la halla en lo que le pasa. La mujer en relación con la felicidad es como más sustantiva e íntima. Su felicidad es como más personal. Está como más encarnada en sí misma. Y la razón que se aporta es que, «mientras que el hombre está entre las cosas, y de vez en cuando, entra en sí mismo, la mujer está habitualmente en sí

misma y, si no está relativamente a gusto en su realidad, no se siente feliz».
A esta conclusión puede haberse llegado por instigación de la naturaleza
o de la cultura. La explicación dependerá de una gran variedad de elementos. Pero el hecho cierto parece ser éste.

De suyo, parece fuera de duda que como al hombre le importa prima-
riamente lo que hace y a la mujer más lo que es, su sentido y contenido de
felicidad tendrán que ser distintos, sin que esto quiera decir que la de uno
sea más consistente y reconfortante que la de la otra. Acomodarse al dictado de la naturaleza y al de la cultura, cuando éste no ha sido prostituido
por conveniencias espúreas, es buena forma de preparar la propia felicidad
que, para serlo, siempre será complementaria.

Crece la felicidad

En esta oportunidad acudimos también al sagrado libro judío, el Talmud, en el que se nos refiere este orientador pensamiento: «Cada brizna de
hierba tiene su ángel de la guarda que se inclina sobre ella y le susurra: crece, crece»... Por muy insignificante que sea la brizna de hierba, el Talmud
la reconoce, la valora, y la magnifica. Y es que una brizna y otra y otras
más forman un prado y, a la vez que en él pacen los animales que han de
sustentar nuestra economía, también su visión puede contribuir a nuestra
felicidad en el disfrute de la contemplación de sus múltiples colores. Un
prado es fuente de felicidad y de felicidades para los seres humanos, por
lo que cada brizna de hierba que lo forma es merecedora de contar con un
ángel de la guarda que se preocupe de su protección y que insistente y res-
petuosamente le inspire y le mande crecer...

También en relación con la felicidad las cosas más pequeñas, si no
siempre son las más grandes, sí que tienen todas ellas suficiente entidad
como para que los ángeles custodios del «cosmos» de la creación se pre-
ocupen de su mantenimiento y conservación y, por tanto, de su crecimiento, dado que lo que no crece está condenado a la desaparición. A todo
lo creado le fue asignado un ángel–fuerza conservador de cada una de sus
parcelas, que ha de cumplir su función, aunque tenga que inclinarse con
humildad y en actitud de disponibilidad y servicio. La felicidad es más
felicidad cuando es más y mejor cuidada y cuando el esfuerzo físico y
espiritual es mayor y más considerado. Saber que todo un ángel de la guarda está en disposición de inclinarse hacia la brizna de hierba es haber descubierto un punto feliz de referencia al que ajustar nuestra valoración personal como ser humano.

La felicidad más que en el cuidado está en el crecimiento de aquellos a los que queremos hacer felices. Sin crecimiento no hay felicidad. El crecimiento es vida, y la vida humana tiene vocación y necesidad de ser feliz. El reconocimiento del valor de la vida está en la aceptación y estímulo de su crecimiento. Incitar y avivar el crecimiento equivale a su pleno desarrollo.

La felicidad del lenguaje

Todos y todas somos. Y es que ser es lo verdaderamente importante en la vida. Por supuesto, mucho más que tener. Precisamente por eso, aunque todos seamos, no todos tenemos. Pero lo que de verdad y en profundidad nos define como personas, no es el tener, sino el ser. Y «la casa del ser es el lenguaje». Es decir, que somos por el lenguaje, por la capacidad de decir y de decirnos o, lo que es lo mismo, porque nos podemos comunicar unos con otros...

Y, teniendo en cuenta no pocas apariencias, da la impresión de que el ser de algunos y algunas no tiene casa, la tiene muy deteriorada, vive en una destartalada chabola a la intemperie... Algunos y algunas no hablan, hablan mal, no se les entiende, gritan, farfullan, chapurrean o tartamudean. Muchas personas no lo son de verdad, porque para ellas no existe el lenguaje. Y es que no se puede llamar lenguaje al rimero de monosílabos inconexos, de vocablos incompletos o de palabras que objetivamente no tienen relación alguna con conceptos admitidos gramaticalmente por todos.

Hay tantas palabras huérfanas de personas, como personas huérfanas de palabras. Son incontables quienes carecen de ser, porque al ser el lenguaje su casa, y al no existir ese, a la casa se le volaron los cimientos, las paredes y el techo, por lo que han de vivir siempre al aire y sin posibilidad de felicidad. Cada uno con nuestras palabras podemos construirle a nuestro ser su estancia. Las palabras–palabras lo acogen, lo alimentan, lo engrandecen y lo desarrollan. Poner nuestro ser en comunicación, en comunión y en correlación con el ser de los otros, es multiplicarse y multiplicarlo. El milagro sólo puede hacerlo la palabra. Ella hace a los demás y nos hace a nosotros mismos, siempre y cuando puedan y sepan decir y decirnos.

Felicidad con guitarra

Si bien es verdad que la felicidad no la da la guitarra, al menos ésta ayuda y contribuye a su existencia y a que de la felicidad participen otras personas. La guitarra contiene cuantas notas precisa la felicidad para hacerse atractiva y, a su vez, convincente. La guitarra es símbolo de alegría y de luz. De ritmo y de ritmos. La guitarra es palabra armoniosa con la que es posible expresar multitud de sentimientos, sin que se requieran para ello demasiados saberes y sin que sea obligado contar además con otros instrumentos. La guitarra canta por sí sola. Es tan amable y tan asequible, que son muchos los que pueden arrancarle las notas que se necesitan en cualquier momento para hacerlo mucho más alegre y feliz.

Y hay sobre todo hombres que simbólicamente tocan la guitarra de su alegría y de su agrado social fuera de casa y lo hacen con maestría, casi permanentemente y a satisfacción de quienes comparten con ellos sus relaciones laborales o profesionales y hasta los tiempos destinados a ocio. Pero esos mismos hombres cuando llegan a casa, y aun cuando lleven consigo su guitarra, dan la impresión de dejarla a la entrada y se convierten en seres aviesos, antipáticos, molestos e incómodos. Dan la impresión de no estar dispuestos jamás a hacer uso de la guitarra del afecto, de la armonía, de la comprensión y de la alegría familiar dentro de sus casas, como si su guitarra no supiera interpretar otras notas que las que expresa y traduce con sus amigos fuera de casa. No son pocas las mujeres convencidas de que la simpatía de sus maridos, tan reconocida y proclamada por tantos, deja de serlo cuando cruza el umbral del domicilio conyugal.

Si el uso de la guitarra es tan importante en las relaciones laborales, profesionales y sociales, lo es mucho más en las familiares. Si en todas estas relaciones la guitarra es fuente de armonía y de luz, dentro de casa la guitarra habrá de ser además fuente de felicidad para los demás, lo que quiere decir que a su vez también lo será para sí mismo. Cualquier instrumento, entre tantos que hay, puede oxidarse en el desarrollo familiar, sin que tenga tanta y tan grave repercusión en él como el que pueda parecer cuando es la guitarra la que llega a oxidarse.

El alma no puede sentarse

Hay personas que viven como si tuvieran el alma sentada. Otras viven como si la tuvieran arrodillada. Otras, como si la tuvieran de pie... Se trata de actitudes y posiciones ante la vida, adoptadas por exigencias del carácter, de la situación laboral o profesional, de la formación, de los estímulos y de los valores que inspiran los comportamientos humanos.

Quienes dan la impresión de tener el alma sentada, son indiferentes, inactivos, insensibles, desganados, faltos de voluntad y aburridos... Nacieron enclocados y así permanecen a perpetuidad. Les molesta todo y no se molestan por nada. La apariencia de quietud, serenidad, moderación y bonanza es ciertamente engañosa. Quienes tienen el alma arrodillada, normalmente son serviles, adulones y rastreros, que no descubrieron en toda la vida el valor superior de su condición de personas... La actividad, la diligencia, la agilidad, el dinamismo y el sentido de superación definen a aquellos cuya alma permanece de pie y se asoma por todo su cuerpo.

Tener el alma sentada es una verdadera desgracia. Sentar el alma es robarle luz, fuerza y vigor. Es mutilarla, reduciendo su actividad a inspirar y generar los movimientos biológicos del cuerpo y a mantener sus constantes vitales... El alma fue creada, y se nos concedió, para que la tengamos de pie. Vigilante y activa. En actitud de disponibilidad y de entrega. Al servicio de la colectividad. Animándonos y animando todo cuanto nos rodea. Como testigo y testimonio de felicidad. Siendo y dando vida. La posición de pie es la más apropiada para el alma. Nuestra vida se valorará teniendo fundamentalmente en cuenta el tiempo que en ella se pasó de pie nuestra alma. El tiempo que pasó sentada y cansada no contará para nada...

Los hijos no hacen felices

En torno a los hijos es mucha la felicidad que se aglutina. Desde tiempos bíblicos y en la historia de la humanidad, hijos y felicidad han sido dos ideas identificadas en una a la hora de la valoración familiar y social. Si bien es cierto que no siempre y en la práctica ha sido verdad tanta belleza, los padres han proclamado y proclamarán a perpetuidad que, sean como sean y por encima de todo, los hijos son todos ellos una bendición de Dios. Pero los hijos, por hijos, que hacen felices a los padres no lo logran en proporción similar a como los padres al hacer cuanto pueden y algo más para conseguir que sean felices sus hijos.

Tal y como andan los tiempos presentes, hay multitud de ocasiones en las que, por lo que respecta a los hijos, la felicidad que éstos les dan a los padres ha de ser más bien fruto de la imaginación y del deseo, que de la misma realidad. Pero también la imaginación y el deseo son fuentes de felicidad. Los hijos son espejos en los que se miran los padres. Son su obra predilecta. Multiplican su imagen. Alargan y le dan sentido a la vida. Son, o quisieran que fueran, su otro yo. En ellos consiguen los padres lo que jamás consiguieron para sí. Creen todavía que serán algún día lo que ellos no pudieron ser. Contribuyen a la recreación de la humanidad poblándola de seres humanos.

Pero también quienes no tienen hijos pueden alcanzar y alcanzan metas de felicidad. Ocurre que a quienes, por las circunstancias o razones que sean, no tuvieron hijos, la sociedad los margina de la posibilidad de ser por sí mismos felices. Los hijos justifican la felicidad, pero no de manera absoluta ni aun dentro de la propia familia. También a quienes no tienen hijos les es dado alcanzar una felicidad similar. Sobre todo desde la consideración de que hijos–hijos no son tantos como productos vivientes y de que padres–padres son menos que engendradores. Hijo y padre no son conceptos en los que sólo o fundamentalmente tenga que ver la biología, sino el entendimiento y el amor.

Difícil–pero no imposible–felicidad

La felicidad es también y de modo eminente sexo. Pero no es solamente sexo. La felicidad es bastante más que sexo. La referencia exclusiva o fundamental a lo sexual en cuanto a la felicidad, no tiene por qué ser veraz siempre, en todo y con todos, pese a que sean muchos a los que el tema sexual les atraiga y obsesione de tal forma que felicidad–sexo sea para ellos relación necesaria y hasta inherente a la persona humana. Para estos mismos la relación hombre–mujer tan sólo podrá definirse con y por el ejercicio del sexo, considerado éste además en manifestaciones y demostraciones fundamentalmente corporales e íntimas. Hombre y mujer no son hombre y mujer porque tienen o no tienen esto o lo otro. Lo son porque son y pertenecen a uno u otro sexo. El sexo se integra en la persona y no se tiene o se es tenido por él, sino que se es éste o aquél. El sexo, distinto, pero igual a la vez, hace hombre al hombre y mujer a la mujer.

Huelga resaltar que la relación sexual entre hombre y mujer posee un amplio y profundo contenido de felicidad por sí misma. Esto no quiere decir, que tenga que exigirse que, para que sea de verdad relación, la manifestación haya de efectuarse en la intimidad y en su totalidad. Hombre y mujer, y mujer y hombre pueden establecer una relación sexual muy gratificante y natural a la vez, propia por tanto de personas humanas, sin que tengan que registrarse las manifestaciones ya reseñadas. Aún más, hay circunstancias en las que las relaciones dejarían de serlo precisamente cuando se expresaran de esta manera. Lo interpersonal entre hombre y mujer no tiene por qué en exclusiva ceñirse a estas formas y comportamientos, aunque su comprensión y contenido resulta tarea difícil y hasta incomprensible para muchos.

En el mantenimiento de esta relación, y así, puede encontrarse también la felicidad, por lo que ésta no tiene por qué hallarse siempre alejada de aquellos que no eligieron el camino de una relación interpersonal concreta, institucionalizable o institucionalizada. Condición indispensable en esta relación que también puede y debe llamarse sexual por serlo entre hombre y mujer o entre mujer y hombre, es que, por ejemplo, cuando se haga referencia a uno de los dos sexos, jamás se le llame «sexo contrario».

La razón de la felicidad está en el «ser»

La felicidad no puede hacerse la encontradiza en medio de aquellas personas a las que, cuando se les pregunta qué «son», suelen contestar con respuestas que incluyen qué y cuánto «tienen». Una cosa es ser y otra muy distinta es tener. Cuando se confunden estos términos, tanto en quienes preguntan como en quienes contestan, la felicidad hace tiempo que huyó a otras latitudes. Una confusión tan crasa, indisculpable y desconcertante como ésta no podrá resistirla la felicidad. La felicidad es destino y medida del hombre, por lo que sus proporciones y esquemas habrán de ser los mismos que los que rigen los comportamientos que se dicen y son de verdad humanos. No acepta la felicidad otros baremos. Aceptarlos supondría romper cualquier relación con los seres humanos.

Uno de los requisitos más consistentes de la felicidad es estar vinculada al ser. Porque se es, la persona cuenta ya con una irrefrenable vocación de felicidad. La felicidad por ser y por querer ejercer como tal, se hace en ella presente y muestra sus deseos de llegar a ser bien patrimonial suyo. Cuando alguien está y se muestra satisfecho con lo que es, incomparablemente más que con lo que tiene, por mucho que tenga, las puertas de la felicidad le estarán siempre entreabiertas. Cuando a lo que se aspira es a tener y en tal aspiración y logro se emplean el tiempo y las mejores energías de la vida, la felicidad huye, hasta que la escala de valores no haya sido corregida en profundidad y responsablemente. Ser es el auténtico bien. Tener tiene también su valor, pero siempre y cuando se lo subordine al ser. La confusión de ser con tener configura un estilo y comportamiento de vida impropio de seres racionales.

La clarificación de estos conceptos, y el útil y correcto aprovechamiento y desarrollo de los mismos, ayuda eficaz e insustituiblemente a conseguir la felicidad. Porque se es, se puede tener y porque se tiene, siendo, es como se puede aspirar a la felicidad, aun a la que contiene lo que se posee o se tiene. Hay que reconocer que, tal y como están hoy los tiempos y los valores que en ellos predominan, no resulta fácil tarea la de clarificar y distinguir entre ser y tener. A esta confusión tan grave, y a la dificultad de discernimiento, es a lo que en parte se debe la falta de felicidad.

La felicidad reclama su tiempo

Los recursos de los que la felicidad y el aspirante a feliz pueden hacer uso son múltiples. Podría asegurarse que apenas si hay algo que esté tan a disposición de todos los seres humanos con tan reconocida generosidad como la felicidad y los medios para conseguirla. Lo que únicamente falta es tener sensibilidad para averiguar en qué consiste ella, cómo descubrirla, qué medios emplear para alcanzarla y cómo conservarla y acrecentarla. Nada hay tan asequible como la felicidad. Lo raro y extraño es que, así las cosas, no sean muchas y más las personas que se consideren felices. El desarrollo actual se ha empeñado en multiplicar los recursos de la felicidad de modo casi infinito.

Pero acontece que, pese a que los índices de operatividad de tal desarrollo sean tan altos y generalizados en algunos países y en determinados grupos sociales, la falta de sensatez y la carencia de ponderación imposibilitan que el fácil acceso a tales medios no sea correlativo a la comprobación de la existencia de la felicidad en ellos. Muchos son los medios para conseguir la felicidad pero ésta se hace a veces inalcanzable precisamente para quienes tienen a su disposición con mayor facilidad tales medios. La contradicción es bien patente. Aún más, pueden ser y son en muchas ocasiones más felices quienes no tienen ni tantos ni tales medios que aquellos a los que les habrían de sobrar. Uno de esos medios o recursos –tal vez el mayor– está en el tiempo del que es necesario disponer para poder disfrutar de la felicidad. Son muchos a los que les falta el tiempo para ejercer de personas felices. Tienen o tuvieron todo, menos tiempo. Acapararon durante la vida medios caros y que además les exigieron sumos esfuerzos para un día ejercer de personas felices y la falta de tiempo impidió que lo fueran.

Hay que disponer siempre al menos de tiempo y aprovecharlo para el correcto uso y disfrute de la felicidad. Durante el desarrollo de la vida laboral o profesional, y también al final de la misma. Se suele dejar casi todo para la jubilación y para el período del descanso y, con tantas posibilidades de felicidad, falta entonces salud, fallan las energías y el humor, llama a las puertas la muerte, y la felicidad no tiene otro remedio que pasar de largo de nosotros por no tener ya fuerzas para interesarnos por ella.

La felicidad también comé

Comer por comer aunque con la moderación requerida, es motivo y fuente de felicidad. Comer hace y multiplica la felicidad. Comer es uno de los placeres más emocionantes de los que pueden participar las personas en el banquete de la itinerante felicidad que proporciona y entraña la vida. La necesidad de mantener el organismo mediante la debida ingestión de la comida diaria, multiplicada por dos o por tres, es una de las satisfacciones que contribuyen en mayor proporción a darle tono y felicidad a la vida. Comer, por la calidad de los productos que integran la comida y por su elaboración y presentación, pone a nuestra disposición alegría y felicidad. Poder cumplimentar a tiempo y con gusto la necesidad que se tiene de comer, acerca a las personas a las orillas de la felicidad desde consideraciones y perspectivas diversas.

Pero a la hora de comer tiene singular y reconfortante importancia hacerlo en compañía de otras personas y no sólo con criterios puramente nutritivos. El término castellano «comer» procede del latín «comedere», que es bastante más que «edere», que en la misma lengua también significa «comer», pero que en este caso, y por ir acompañado de la partícula «com», quiere expresar la reconfortante y humanizadora tarea de «comer con» o en compañía. Cuando se come con otro u otros, con amigos o en familia, es cuando se come de verdad y como personas. Comer de esta manera es un acto de festiva solidaridad e intercomunicación que justifica cuantos esfuerzos y sacrificios hayan sido requeridos para realizar esta tarea. La comida es una celebración de la vida en el gozo del encuentro vigorizante del reconocimiento de la necesidad que tenemos unos de otros. Cuando se come con otros, se multiplican los placeres que tiene la comida.

«Comer con» difunde los efectos de la felicidad entre todos los que comen y que, por hacerlo en común, es decir, «con», reciben el concluyente nombre de «comensales». Cuando a la vez que se come, se conversa y se participa en la conversación, la felicidad del comer se agranda, hasta que se puede repartir en la mesa al mismo ritmo e idéntica intensidad con la que se parte y se reparte el pan. Comer es asimismo asimilar el poder de otra cosa, a la vez que reconocer que uno no se basta a sí mismo, reforzándose el signo de unidad y alegría.

La felicidad sale de paseo

Pasear es una forma sencilla y efectiva de encontrarse con la felicidad. Diríamos que la felicidad ama pasear y que en el paseo es donde se hace la encontradiza con multitud de personas. Quien pasea ha de salir de su casa y de sí mismo, correr una cierta aventura y poner en juego los miembros y organismos del cuerpo y no pocas sensibilidades del espíritu para ejecutar su proyecto solo, y mejor en compañía. Quien pasea busca horizontes nuevos y distintos de los que normalmente aprisionan su cuerpo y su espíritu. Quien pasea ama la vida que, por definición es, crea y recrea la posibilidad de relacionarse con otras personas. Quien pasea, al tener que salir de sí mismo, pretende ser también otro o parte del otro. El que pasea manifiesta tener más afán de vivir que aquel al que le molesta hacerlo y preferiría hacer perdurable e inactiva su presencia en su casa.

Quien pasea puede hacerlo o por la ciudad o fuera de ella. La ciudad tiene todavía, si se quieren buscar, lugares y momentos definidos por el arte y la admiración de monumentos, que pueden reportarles a quienes los contemplan elementos de interés para el desarrollo de su personalidad. La ciudad brinda también momentos y lugares en los que el ajetreo de unos y otros puede llegar a significarles mucho positivo a los que cuentan con una jornada larga y continuada –inactiva y tranquila instalación– en su vida de desestima y de desconsideración por cuanto lleve consigo movimiento y acción. La constatación de la existencia del movimiento puede llegar a ser ejemplar y constructiva para ciertas personas.

Quien pasea puede hacerlo también por el campo o sus aledaños, lo que puede llenar de satisfacción a muchos, con su oferta de soledad, de quietud, de contemplación del paisaje, de búsqueda y encuentro con olores recién estrenados, con cantos de pájaros, con juegos de niños, con escenas familiares, con perspectivas y horizontes nuevos, con bancos en los que reposar un momento, con lecturas, con la comprobación de que nuestro cuerpo necesita caminar y ponerse en movimiento, con el encuentro con otras personas... La felicidad que confiere pasear está tan cercana y es tan factible como en la realidad y para tantos resulta imposible e inalcanzable. El hombre de hoy está a punto de perder la alegría de andar.

La felicidad del «nosotros»

La tradición judía nos presenta el primer matrimonio no ya como un contrato o una asociación entre dos seres heterogéneos, sino más bien como la reunión o el reencuentro entre dos partes de un mismo cuerpo. «Hasta que el hombre no se casa, es un errante solitario, que no merece el título de hombre...»

En el mundo hay muchos matrimonios–contratos. Y aun solamente contratos. Sus protagonistas se limitaron a sellar con su firma unas cláusulas en las que se comprometían con unos derechos y algunos deberes. Entre los primeros, el derecho al cuerpo resultaba prioritario. A veces, único. Los matrimonios sólo o fundamentalmente contratos son matrimonios más que discutibles. Evidentemente que ni son ni hacen felices. Entre otras razones, porque no siempre los hizo contraer el amor y, más que casarse las personas, se casaron los apellidos, las haciendas, las fincas y las cuentas corrientes. Hay asimismo matrimonios–asociaciones de familias y de intereses sociales, políticos y comerciales.

No obstante, pocos matrimonios se consideran y son reunión o reencuentro entre dos partes de un mismo cuerpo. Entre dos partes distintas, pero iguales. Sin privilegios de ninguna clase por mujer o por hombre. Sin que uno tenga más derechos que el otro. Ni más o menos deberes. Diferentes, pero con prerrogativas y limitaciones idénticas. Uno y otra, personas. Uno y otra, coincidentes en su necesidad de alteridad, de integración y diálogo. Una y otro, radicalmente aspirantes a construir un todo, arrancándose de la itinerante soledad vagabunda y desencaminada que conducía necesariamente al aislamiento despersonalizador y al egoísmo. Una y otro, en definitiva, sin ser de verdad una y otro, por no haber creado el nosotros del encuentro feliz, amoroso y fecundo.

La felicidad tiene corazón

Miran los ojos. Y las manos. Y la sensibilidad. Y todo el cuerpo. No es solamente por los ojos por donde una persona contempla, examina, mira y admira a la otra. Es por todo el cuerpo y por toda el alma por donde advierte y nota su presencia y la ve realmente. Y no es ni sólo ni fundamentalmente por el oído por donde la siente, la percibe y la oye. Si nos limitáramos a adivinar y a comprender a las otras personas a través del ojo y del oído, no las conoceríamos jamás. La relación que estableciéramos con ellas no sería una relación interpersonal, ni siquiera correcta.

Y es que, con lo que de verdad hay que mirar y escuchar es con el corazón. Quien no mira con el corazón es ciego. Quien no oye con el corazón es sordo. El corazón es el órgano, y la síntesis de órganos, que nos pone en comunicación veraz con el otro y el que establece una relación atinada, comprensible, concordante y amorosa. Es decir, feliz. El corazón es el ojo y el oído del hombre y de la mujer. Es puerta de entrada. Es torno. Es acceso para el santuario del alma.

Hay muchos ciegos y sordos en el mundo. Más de los que se registran en las estadísticas de los minusválidos. Hay muchos ciegos y sordos que ni ven ni oyen porque, a pesar de disponer de los órganos correspondientes en perfecto estado de salud, éstos no funcionan. Y es que el corazón está ausente de ellos. O lo tienen dedicado en exclusiva a sus funciones de sístole y diástole. O no se dieron cuenta de que además servía para oír y para ver, es decir, para descubrir al otro y para relacionarse con él. Y el mismo número de ciegos y sordos hay también de personas que no son vistas ni oídas jamás, lo que añade al mundo una nueva infelicidad y desgracia. Y todo, porque ni se oye ni se ve con el oído y con los ojos, sino con el corazón.

Ni ángel ni bestia

Quede bien claro que el hombre no es ni ángel ni bestia. Quede asimismo bien claro que el término hombre incluye tanto al varón como a la mujer. Por tanto, ni ésta ni él son ni ángel ni bestia. Hay, sí, hombres y mujeres ángeles, como hay hombres y mujeres bestias. Y hay también hombres y mujeres que, en determinadas épocas y circunstancias, son, se comportan y actúan de una forma que roza el salvajismo y otras que se acercan al angelismo y hasta al arcangelismo.

Partiendo de la realidad comprobable siempre que se intente, de que el hombre–mujer no es de por sí ni ángel ni bestia, se llega también fácilmente a la conclusión de que, por desgracia, quien ansía convertirse en ángel, se hace bestia... El hombre es hombre y le basta y le sobra con serlo, con asumir sus responsabilidades y con pensar y actuar de acuerdo con ellas. La aspiración a ser ángel pasa necesariamente por metas de soberbia y de desprecio a los otros, lo que ineludiblemente supone parecerse, ser y comportarse igual que las bestias.

Al mundo en el que nos encontramos les sobran hombres y mujeres con pretensiones de ángeles. Exactamente igual que le sobran hombres y mujeres con apetencias de bestias. Faltan hombres–hombres y mujeres–mujeres. La educación prevalente impartida en tiempos pasados pretendió crear y fomentar vocaciones de ángeles y, entre otras cosas, esto explica tanta proliferación de jaurías de bestias. La educación deberá tener sagradamente en cuenta al hombre y a la mujer con sus limitaciones y posibilidades reales haciendo dejación de cualquier angelismo que a título de tentación deslumbrante y encandiladora nos salga al paso de la convivencia. Ésta, para serlo de verdad, tendrá que construirse y merecerse por personas iguales, con sentido de alteridad y en el mutuo respeto. Los hombres y las mujeres se educarán para hombres y mujeres. Pensar en hacer de ellos y ellas otros tantos ángeles es prepararlos ya para bestias. Ni como ángeles ni como bestias podrán ser felices los seres humanos.

La felicidad es divertida

La felicidad verdadera lleva dentro una buena dosis de diversión para uno mismo y para los demás. Si la felicidad no divierte –entretiene y recrea– sería recomendable revisar sus fundamentos, con la seguridad de que en ocasiones frecuentes no serán los propios de la felicidad, llegándose hasta a descubrir que se trata de uno de sus sucedáneos. La felicidad es y hace alegres, satisface, reconforta, tonifica, distrae, espanta tristes y asustantes fantasmas, es placentera, es atractiva... La felicidad hace cuanto puede por eliminar las penas y siembra en su entorno esperanzas muy firmes...

La felicidad está en la diversión, de la misma forma a como divierte o está en disposición de divertir. La consulta docta a los diccionarios nos hace llegar a la conclusión de que el término «di–versión» procede del verbo latino «vertere», que en castellano significa «volver o volverse». Esto quiere decir que, quien se divierte, en su sentido etimológico más puro, es como si se volviera hacia otra parte o hacia otra cosa, después de haberse apartado de donde se encontraba. Por supuesto que en este proceso de ir y venir, de volverse, se encuentra la satisfacción y hasta la sorpresa del descubrimiento, merecida sobre todo por la acción generosa del desasimiento de lo que se es o de lo que se tiene. Divertirse es volver y volverse hacia algo o hacia alguien, y es también «llevar por varios lados», acción y actividad que incluye la sana distracción de pensar y tener en cuenta a otras personas, haciéndose presentes en las mismas, lo que les confiere y nos confiere una buena proporción de alegrías. El término «recrear» es también afín al de «divertirse» en su misma etimología y significa volver a hacer nuevas las cosas –repristinarlas– y volver a crearlas una y otra vez.

La felicidad es de por sí creadora y recreadora. Es más felicidad cuanto más crea y recrea. La felicidad divierte y es divertida. En su misma esencia lleva el germen consecuente de la difusión de la alegría. El bien es difusivo de por sí. Es más bien cuanto más se difunde y cuanto alcanza y hace partícipes a mayor número de personas. La felicidad está reñida con la tristeza. La felicidad no puede ser triste. Cualquier rasgo o apariencia de tristeza asusta y hace huir la felicidad, al igual que ésta hace con aquélla. La felicidad es divertida y, a la vez, divierte.

La felicidad se va «de copas»

Es ésta una actividad intensa y reconfortantemente amistosa que merece ser considerada entre tantas otras que suministran a grupos de personas satisfacciones muy numerosas, dignas también de ser reseñadas como episodios en el ejercicio y práctica de la felicidad. En su esfera no prescindimos de los jóvenes que aparecen con frecuencia más bien como protagonistas de excesos que tienen dramáticos ecos en los medios de comunicación social, sobre todo cuando ellos fueron causantes de accidentes de tráfico o graves reyertas. De esta manera, una actividad cargada de tanta amistad como «ir de copas» queda convertida en sangriento suceso.

Para que logre sus cotas más altas, ir de copas como acción o actividad placentera, es necesario que sus protagonistas se interesen e impliquen en ello, dado que cuando algo se hace con indiferencia, la satisfacción, y aun el placer que la acción reporta, es mínimo. Ir de copas incluye una programación espontánea, una coincidencia entre amigos, ejercitarse en el sentido de la solidaridad, compartir, comentar lo propio y ajeno, acusada disponibilidad para la alegría, capacitarse para dar y recibir bromas, conocerse y amarse, poder realizar el adecuado control de los gastos en conformidad con los presupuestos dedicados a esta tarea de pasar el tiempo agradablemente, saber de qué hay que privarse y qué es lo que se puede tomar entonces... Son muchos los logros que el ir de copas lleva consigo, tanto desde perspectivas personales como colectivas.

El placer y la felicidad que proporciona ir de copas merecen consideración y estima. Lo lamentable sería que estos fines no se alcanzaran o que se volvieran en contra de sus protagonistas, lo que puede ocurrir y ocurre a consecuencia de descontroles, de falta de previsión o de excesos de confianza. Ir de copas significa beber lo que corresponda en esas circunstancias, con quienes y cuánto, que siempre será con moderación. Ir de copas no tiene por qué relacionarse siempre y necesariamente con bebidas alcohólicas. Son muchas más las bebidas que pueden suscitar verdaderos placeres, sin que se llegue a correr riesgo alguno. Hasta ir de copas puede hacer referencia a copas de agua, cuya ingestión proporciona también una función placentera desconocida todavía por muchos.

¿Eres feliz?

Difícil, por no decir que imposible. Resulta extremadamente difícil preguntarle a una persona si es o no es feliz. Además de poder ser sumamente indiscreta esta pregunta, se corre el riesgo de que su contestación sea incorrecta, y no por mala voluntad del entrevistado, sino por la gran dificultad que entraña su contestación, por muy bien formulada que haya sido la pregunta. Preguntar si se es o no se es feliz, es pregunta, al menos ociosa, cuando no pretenciosa, atrevida y llena de falacia.

Uno no podría contestar legítimamente a la pregunta acerca de si es o no feliz, porque, entre otras razones, no sabría discernir con rapidez qué es lo que entiende por felicidad quien pregunta y qué entiende por ella quien es preguntado. Es difícil también la contestación porque la medida de la felicidad es no tener medida. Una felicidad con medida y con posibilidad de ponderación, es una felicidad viciada en su misma raíz. Es difícil, por no decir imposible, pretender encontrar una respuesta aproximadamente correcta, porque el entrevistado suele decir que sí o que no, teniendo sobre todo en cuenta lo que cree que debe contestar y no lo que realmente tendría que contestar. El entrevistado suele acogerse a los puntos de referencia que le proponen otras personas y ellos son los que sugieren o imponen el sentido y la dirección de las respuestas. En el tema de la felicidad son muy condicionantes las referencias que se tengan o que se presienten, acerca de las manifestaciones de otros y otras. Al ser tan fluido e imponderable el concepto de felicidad, resulta difícil tarea encajar y valorar tal concepto en unas circunstancias concretas de lugar y de tiempo y en ellas responder a la pregunta.

Más que saber contestar la pregunta de si se es o no feliz, lo que importa es trabajar por ser y hacer felices a las otras personas. Y hay que reconocer que casi son tantas o más las personas que preguntan a otros si son felices, que las que de verdad trabajan en favor de la felicidad. Importa mucho y de verdad proponerse ser feliz y contribuir a que también lo sean los demás. En este intento, la felicidad puede encontrarse y, además, agrandarse.

Personas–alba

Pocas personas son alba. Algunas son mediodía. Muchas, tarde. Muchas más, noche. Y no son una u otra cosa porque les apetezca trabajar o vivir a una o a otra hora del día o de la noche. Tampoco porque se encuentren ellas más cómodas en esa o en aquella hora. Ni tampoco porque su organismo se amolde con mayor facilidad a los distintos tiempos que les marca el reloj.

Hay personas que, por su carácter o por su formación, son una u otra hora. Las que son alba, estrenan ojos todos los días. Sus pensamientos son más estrellados y limpios. Sus sentimientos están como perlados de rocío. Son más ágiles sus pies y sus manos. Mucho más alegres. Más expansivas. Amanecen y hacen amanecer todo cuanto se relaciona con ellas. Muestran más ganas de vivir. Afrontan la tarea del paso del tiempo con mayor ilusión. Tienen mucha más esperanza. Las personas–alba son un regalo familiar y social. Sus hijos son hijos del alba y del alma. Sus obras son obras del alba y del alma. Las personas que son tarde o noche poseen características completamente distintas.

Nosotros preferimos a las personas con vocación de ser alba. Tal vez otros las prefieren con la de mediodía, tarde o noche, resaltando en ellas los rasgos del cansancio, de la plenitud o de la granazón. Todo es cuestión de mirar hacia dentro y de mirar a los otros, sin perder de vista el reloj. Porque, en esto, como en tantas otras situaciones de la vida, importa mucho el reloj. Prescindir de él supondría perderse en el tiempo, con peligro de equivocarse en la historia. Y éstos felizmente tienden ya a ser tiempos de amanecida.

La felicidad del tiempo pasado

La felicidad es, merece y se encuentra en el tiempo. El tiempo le es imprescindible a la felicidad. Tiempo y felicidad salen al encuentro del hombre en el espacio en el que desarrolla su vida. Tiempo y felicidad se dan el beso amoroso precisamente en el marco espacial elegido por el hombre para ello. Jamás debería perderse el tiempo, dado que su pérdida supone nada menos que exponerse a perder también la felicidad. El sabio Zenón nos recuerda que «ninguna pérdida debe sernos más sensible que la pérdida del tiempo, porque ésta es irreparable». Todo o casi todo puede ser recuperado en la vida. El tiempo jamás lo será. Se marchó y ya está. A lo sumo, lo que puede hacerse es lamentar que se nos haya escapado de las manos y quedarnos con algún recuerdo.

Pero, en medio de todo, consuela pensar que exactamente por el camino del recuerdo puede recuperarse parte del tiempo pasado y, por tanto, del capital de felicidad que llevaba consigo. En la actualidad el tiempo pasado tiene mala prensa. Después de haberla tenido tan buena o aun mejor que el tiempo presente, del pasado apenas si se quieren tener más recuerdos que los de su partida de defunción y de las circunstancias de ésta. Al verso jorgemanriqueño de que «cualquier tiempo pasado fue mejor», le sustituye hoy la idea de que lo único que merece el tiempo pasado es el olvido o la cesantía de su memoria. A las proclamaciones eminenciales, literarias y existenciales de la bondad del tiempo pasado y de la necesidad de hacerlo perdurable y de que sea compartido por todos, le ha sustituido el convencimiento de que lo viejo y pasado no tiene vigencia, por lo que el baúl de los recuerdos, y no otro, es su triste destino.

Sin que sea verdad eso de que, «cualquier tiempo pasado fue mejor», es cierto que también el tiempo pasado pudo ser bueno, de por sí y también para algunos o para muchos. También puede ser bueno el tiempo presente. La única distinción entre el pasado y el presente es la de que aquél no existe y es éste el que existe y en el que se nos confiere la posibilidad huidiza de aprovecharlo para la construcción de la felicidad.

«Sin felicidad y sin gozo...»

Las palabras son también del libro hebreo Talmud, aunque tengamos que hacer constar que no es precisamente la literatura hebrea la más fervientemente admiradora de la mujer, por mujer. Pero en esta ocasión, éstas son las palabras: «El que no toma mujer, se queda sin felicidad, y sin gozo, sin bendición y sin ley, sin muralla y sin alegría».

Felicidad, gozo, bendición, muralla, alegría, ley... He aquí algunos de los términos que configuran a la mujer como respuesta conviviente para el hombre. He aquí algunos de los rasgos que entrenzan y que justifican tal convivencia. La mujer es para el hombre todo eso y algo más que eso. Es y proporciona felicidad alegría y gozo. Es bendición –la suprema bendición– para el mundo. Es código y constitución para el hombre, a la vez que su baluarte..Es su defensa. Es su fortaleza. Ésta es la vocación de la mujer. De toda mujer. Lo dice el Talmud, que es un libro muy viejo y sagrado y que, por otra parte, no es feminista, sino todo lo contrario.

Pero no siempre es verdad tanta belleza. De ello puede tomar conciencia cualquiera y en cualquier momento. En ocasiones, ocurre que no se genera la más mínima comodidad para hacer amable y feliz la mutua relación, por lo que la convivencia entre hombre y mujer es auténticamente insoportable. Y no culpamos de esta situación sólo a la mujer. Ni tampoco al hombre. Ni a los dos. A veces, nadie es culpable. Intervienen otros factores, sobre los que habrá que reflexionar con amor y con comprensión para salvar todo lo salvable y encontrar o reencontrar la felicidad. De todas formas; y en tal reflexión, es brillantemente orientador tener muy

presente las palabras del viejo y sagrado libro hebreo del Talmud, que añade además que «cada uno tendrá que rendir cuentas en el "Más Allá" de
todos los placeres legítimos de los que se haya abstenido».

Lo necesario y lo superfluo en la felicidad

Son dos conceptos lógicamente relativos. Lo que para unos es necesario puede ser para otros superfluo. Otros, no obstante, y pese a las definiciones existentes en cualquier diccionario, estimarán como necesario e
imprescindible aquello que de por sí y para los más, es superfluo por
todos sus costados. Los conceptos necesario y superfluo precisan además,
para su interpretación correcta, contar con el marco, el medio y el
ambiente en que se emplean y se interpretan uno y otro. Muchas y acalo-
radas discusiones se desatan en torno a la interpretación práctica de lo
necesario y de lo superfluo sobre todo cuando se pretenden justificar
determinadas actitudes.

Y en la relación de lo superfluo y lo necesario con la felicidad, lo primero que salta a la vista es que «existen más personas que son desgraciadas por carecer de lo superfluo que por faltarles lo necesario». Son
muchas las personas que se creen condenadas a la infelicidad por carecer
de lo contingente y accesorio y hasta de lo que de por sí está de más para
tantos otros. Son posiblemente menos las personas que se creen infelices
por no tener a mano o por no poder disponer de lo que les es indispensable o les hace falta para alcanzar el fin en su desarrollo personal, desde
valoraciones familiares o sociales, que merezcan de verdad la pena. En
cuanto a la posesión y disfrute de la felicidad, los espejismos son muchos
y son más las desviaciones de conceptos tan claros y elementales como
necesario y superfluo.

La consecución de la felicidad exige la correspondiente clarificación
de conceptos siempre y en todo. Con equívocos o equivocaciones no es
posible recorrer caminos de felicidad. Recorrerlos de esta manera llevará
consigo tornar inalcanzable la felicidad para uno mismo y para otros. Lo
necesario no puede dejar de serlo para convertirse en superfluo, así como
lo superfluo para ser necesario, por mucha imaginación que invirtamos en
tal operación y logística. Lo lamentable es que, por no tener y poder disfrutar de lo superfluo, lleguemos a ser tanto o más infelices que aquellos
a los que no les fue dado siquiera tener y disponer de lo necesario.

La felicidad no prohíbe

Da la impresión de que para muchos la felicidad está sobre todo en prohibir. Muchos prohíben lo que pueden, y hasta lo que no pueden. La prohibición es algo consustancial al ejercicio de su profesión, oficio, actividad, autoridad o situación en la vida familiar o social. La prohibición es para ellos norma de comportamiento y de vida. Se sentirían infelices si no tuvieran algo que prohibir o si no pudieran de alguna manera llegar a colectivos determinados o a ciertas personas sobre las que ejercer su imperturbable decisión de prohibir. Se les nota inmediatamente la satisfacción que perciben y rezuman cuando, con causa o sin ella, han de ejercer de guardas de la circulación moral, familiar o social imponiendo las prohibiciones ya existentes o las que ellos mismos se inventan y que justifican como imprescindibles para casos de emergencia.

El placer de prohibir se encuentra entre las fuentes de felicidad más falaces, tal y como reconocen expertos en el tema. Más aún, estos mismos aseguran que prohibición y felicidad raramente han de coincidir, dado que de tal coincidencia fácilmente se deduciría la inconsistencia y hasta ilegitimidad de la felicidad que pudiera generar la acción de prohibir por muy legal y hasta necesaria que fuera. Y hay una esfera especial en la que se registran con mayor frecuencia actos y actitudes de prohibición y de prohibiciones. Esta esfera es la de los placeres. Éstos, sólo por el hecho de serlo y ser denominados como tales, se suelen prohibir sin más y con toda clase de argumentos. Hay inspectores de la moral y de las buenas costumbres que inmisericordemente, y sin concesión alguna, prohiben a perpetuidad toda clase de placeres, sin detenerse a pensar si sobre alguno o algunos de ellos no tiene por qué caer su condenación permanente.

Es verdad que hay placeres prohibidos de por sí o en determinadas circunstancias. Pero el placer por placer no siempre ha de ser prohibido. Aún más, el placer puede y hasta debe consentirse y alentarse en la vida, a la luz de cualquier razonamiento en el que la condición humana sea descubierta y definida como se merece y exige. Prohibir por prohibir no debería ser una de las metas propuestas en la educación integral, para que ésta pudiera alcanzar sus objetivos más elementales en orden a la construcción de la personalidad.

La felicidad del atrevimiento

También la felicidad se halla o puede hallarse en el atrevimiento. La determinación a competir y a arriesgarse es fuente de felicidad para muchos.

Diríamos que para la mayoría de las personas. Quienes se instalan de por vida en una situación de comodidad laboral, profesional, social, familiar, económica... y en cualquier posibilidad de elección que se les presente optan siempre por seguir cómodamente instalados en su situación anterior prefiriendo el ritmo y la marcha de la vida consuetudinarios, difícilmente descubrirán horizontes de felicidad. De los instalados a perpetuidad y de los cómodos por convencimiento y oficio, la felicidad se vuelve distante.

La falta de atrevimiento hace huidiza y difícil la felicidad. La felicidad prefiere para su instalación y desarrollo, espíritus atrevidos y audaces. Los que se cruzaron de brazos y decidieron no esperar más o esperar que todo les llegara de fuera, se condenaron a sí mismos a la infelicidad. La felicidad es esperanza hasta de lo inesperado. Lo esperado a la luz de los cálculos que rigen el acontecer normal en la vida de los seres humanos y con los que puede preverse todo o casi todo, con aproximada exactitud y hasta sin riesgos, apenas si puede aportarle felicidad a la vida. Son muchas las personas que no se atreven siquiera a desear lo que necesitan para sí o para otros, por parecerles que ello se encuentra fuera de sus competencias y posibilidades, o porque no descubrieron las soluciones a la luz de lo que eran y reclamaban de verdad sus necesidades. Desde estos supuestos, la felicidad les resultaba improductiva o ficticia.

Atreverse con tino, ponderación y moderación le aporta a la felicidad buenos y reconfortantes resultados. Esperar hasta lo inesperado puede contribuir a descubrir parcelas de felicidad inasequibles e insoñables. En el atrevimiento halla la felicidad satisfacciones inéditas. Sin querer provocar desalientos, pero es imprescindible tener muy presente que pretender encontrar la felicidad verdadera en el atrevimiento es tarea arriesgada, ardua y difícil, sin que esto quiera decir que por ello haya que echarse hacia atrás.

La felicidad también trabaja

El hecho cierto es que, como refiere el filósofo hispano–romano Séneca, «a la mayoría se le pasa la vida sin hacer nada; a muchos se les pasa en hacer lo que no deben y a otros, en hacer mal lo que hacen...». Esto quiere decir que no son pocas las personas que, entre unas cosas y otras, están condenadas de por vida a la infelicidad. Para muchos la fuente de la felicidad, que es el trabajo, se les agotó o ni siquiera lograron descubrirla en sus mismos orígenes, con lo que se privaron de la felicidad en contenidos muy sustantivos. Jamás podrán ser felices muchos por haberse cerrado a sí mismos o por habérseles cerrado las puertas del trabajo.

Entre los que no hacen nada, no hacen lo que deben o hacen mal lo que hacen, son muchas las personas a nuestro alrededor carentes de felicidad. Basta con preguntar y con preguntarse a sí mismo. Basta con mirar y mirarse con detenimiento y atención, comparando actitudes y comportamientos. Son multitud los ociosos. Son también multitud los atrevidos, al igual que conforman una gran masa los que por oficio hacen mal lo que hacen a consecuencia sobre todo de su ilimitada e irrefrenable inclinación hacia la chapucería. Entre unos y otros, la contribución laboral que serviría para completar la actividad creadora de Dios se halla muy mermada y con frecuencia es totalmente incorrecta. La felicidad que entraña la obra bien hecha la disipan las rutinas, los ocios y las ineptitudes.

Trabajar por la felicidad es laborar por hacer correcto el trabajo. La preparación para el mismo y su exacto ejercicio influyen en la felicidad propia y ajena de modo muy constructivo. Quienes quieran aportarle felicidad a la vida, sólo con que trabajen, lo hagan bien y hagan lo que tienen que hacer, podrían sentirse satisfechos. El desarrollo personal de quien trabaja, y el de aquellos a los que puede y debe favorecer tal trabajo son compromisos muy elementales que hay que atender y cumplimentar por exigencias de nuestra condición de personas. Cuando nuestras manos se nos oxiden por falta de trabajo o por deficiencia en su ejecución, comprobaremos cómo la felicidad se ahuyenta y definitivamente huye de nosotros.

«Desde tus brazos...»

Venimos desde muchas partes y vamos también a otras muchas más. La vida es un constante ir y venir. Tiene mucha razón de camino la vida. Ella es camino. Es una definición fluyente, cargada de certeros contenidos. Los momentos cumbres de la vida, concebida y admitida como camino, los ofrecen los encuentros en sus confluencias y cruces.

Y el poeta dice así: «Vengo desde tus brazos –y no sé hacia dónde voy...». Los brazos, de hombre o mujer, son feliz procedencia. Son regazo y cuna. Son causa y origen. Son trampolín. Son principio y punto de partida. Raíz, embrión y también nacimiento. Los brazos del hombre y de la mujer son familia, estirpe y linaje. Se percibe con facilidad cómo y cuáles son los brazos de los que proceden las personas a las que tratamos. Sus gestos, sus comportamientos, sus palabras, el brillo de los ojos, el movimiento de las manos, la dirección de sus sentimientos, toda el alma y todo el cuerpo, vocean permanentemente la calidad de los brazos desde donde vienen. La deducción y la conclusión es muy fácil. Y, además, con un mínimo de posibilidades de engaño.

157

«Vengo desde tus brazos –y no sé hacia dónde voy». Plenamente de acuerdo con la primera parte del pensamiento poético, manifestamos estar en desacuerdo con su parte segunda. Si de verdad se viene desde unos brazos, hay que caminar hacia otros brazos. Si el principio son los brazos, también ellos serán la meta. No hay alternativa posible. Y, desde que se parte hasta que se llega, el camino lo construirán los abrazos. Brazos, abrazos y brazos es la felicísima vocación del hombre y de la mujer en el caminar por la vida. El fallo propio o ajeno de alguna de estas tres etapas, le roba todo su sentido a la vida. Y, por supuesto, la posibilidad de ser y de hacer felices.

Trato feliz y de felicidad

Son muchos los que con sentido práctico y realista aconsejan que «para sentirse bien, y pretender ser feliz, hemos de tratarnos bien, cuidando el cuerpo y cultivando el espíritu, porque si no hacemos nada por nosotros mismos, ¿qué podremos ofrecer a los otros?». Se trata de un principio que contiene y proporciona elementos muy valiosos para suscitar e iniciar el proceso de la felicidad desde una eficaz y atractiva concepción comunitaria. Se trata de intentar comenzar por el principio y no por el medio o por el fin, con la seguridad de que así se tiene recorrido ya más de medio camino.

El cuerpo es merecedor de cuantas atenciones precise para su mejor y más cómodo desarrollo. Idénticas atenciones reclama para sí el alma. Los términos cuerpo y alma configuran la realidad humana del «yo» que no está compuesta ni por el cuerpo ni por el alma, sino que es cuerpo y a la vez es alma. Las atenciones que en todo orden de cosas le sean concedidas al cuerpo, lo son asimismo al ser humano en toda su acepción. Lo mismo hay que asegurar en relación con el alma. La salud, la belleza, el desarrollo y ejercicio cabal de todos y de cada uno de los miembros del cuerpo, su tonificación, administración de los mismos y todo cuanto favorezca su aplicación correcta es exigencia de la necesidad de felicidad que define el «yo» personal de cada uno. El cultivo y desarrollo integral del alma o del espíritu, mediante la cultura, la información, el enraizamiento y expansión de los sentimientos, el estímulo y proyección constructiva de los pensamientos... contribuyen de forma concluyente a asentar la felicidad sobre el «yo» –alma y cuerpo– en armonía y con efectividad.

Hemos de tratarnos bien, si queremos alcanzar la felicidad. Cuerpo y alma están constantemente reclamando un trato de favor por parte de nosotros mismos con el cual nos sintamos felices, en disposición de trazar y dirigir la felicidad hacia otros. El cuerpo no es enemigo del alma, ni ésta lo es del cuerpo. Son más bien dos entrañables amigos que constituyen la unidad del ser humano, vocacionado a ser feliz y a hacer felices a las otras personas.

Felicidad y personalidad

La personalidad puede definirse como el conjunto de cualidades de cada individuo que hace que cada uno sea lo que es y a la vez se diferencie de lo que son los demás y esto acontezca de forma consistente, distinguida, clara y sin posibilidad de confusión alguna. Desde la perspectiva de tal definición, no son demasiados los hombres y las mujeres dotados de personalidad. Con demasiadas limitaciones y con muchos esfuerzos, podrán ser y ejercer de personas, pero la posibilidad de ostentar el título de personalidad por méritos propios y con el reconocimiento de otros no les será permitida. A lo sumo, permanecerán y hasta morirán en el intento de lograrlo algún día. Conseguir o recuperar la personalidad no es obra de una tarde o de una mañana. Es obra de toda la vida.

Y la personalidad está íntimamente relacionada con la felicidad. Se ha dicho con acierto que «personalidad equilibrada y proyecto de vida contienen el engranaje básico para la felicidad. Por el primero, el hombre se encuentra a sí mismo; por el segundo el hombre se realiza a través de su trabajo». Personalidad equilibrada y proyecto de vida son las bases para la felicidad. La personalidad, para serlo de verdad, ha de ser equilibrada. Pero no está de más reforzar su idea con la del equilibrio. En los tiempos que nos ha correspondido vivir son muchos y muy graves los desequilibrios y más los desequilibrados. Éstos no podrán recontarse entre quienes aspiren a tener personalidad. Los desequilibrios deforman la realidad y desvirtúan el ser y el comportamiento propio de personas humanas. Pero, además la consecución de la felicidad reclama un proyecto de vida. Un proyecto estable. Consistente y a la vez con capacidad de adaptación serena e inteligente a las circunstancias de lugar y de tiempo. Un proyecto factible y en el que se juegue y cuente a la vez la felicidad ajena, al igual que la propia.

La felicidad no se improvisa. Es algo muy serio. Tan serio como la personalidad de aquel a quien pretenda adscribírsela. Las veleidades, los desequilibrios y las frivolidades se conjuran entre sí como otros tantos enemigos viscerales de la felicidad. La felicidad de la que participa la personalidad contribuye asimismo a conferirle a aquélla mayor y más efusiva consistencia.

159

El amor es y hace feliz

Cuando el amor –amor de verdad– se hace presente en la vida de una persona, su capital de felicidad está más que asegurado. El amor inventa, descubre y acrecienta la felicidad, que se torna imperecedera en idéntica proporción y tiempo a los que enmarcan y definen el amor. El amor y la felicidad andan siempre de la mano. Se confunden y se identifican. Se mezclan entre sí de tal forma que la definición de uno de los dos conceptos lleva consigo la del otro. Amor y felicidad no se dan por separado. Y amor–felicidad es fuente de vida. Ésta se halla naciendo a perpetuidad allí y entre aquellos que hicieron coincidir y expresar el amor por la felicidad o ésta por el amor. Quien ama desea dar y darse al amado y en tal donación incluye, como no podía ser de otra manera, su vida. El amor es diálogo de donación de dos vidas: la de quien ama y la de quien es amado.

Y hay pensadores que han percibido poéticamente este diálogo y, por ejemplo, Joseph Piepers lo describió y enalteció de esta manera: «¡Qué bien que estés en el mundo; qué maravilla que existas para mí; pues sin ti yo no podría vivir; qué delicia haberte encontrado en mi vida y que tu razón de vivir sea vivir para mí!». El hecho de que unas personas vivan por y para otras es de lo más grande y reconfortante que hay en el mundo. Un mundo en el que esto es posible es un mundo que puede ser, descubrirse y vivirse como mundo feliz. El hecho de sentirse feliz porque hay personas que viven, y porque sus vidas pueden ser donación y entrega por amor a otras, eleva el mundo a una categoría que roza lo divino. La expresión «ama y haz lo que quieras» halla a la luz de esta reflexión pleno sentido.

No sería procedente que esta reflexión desalentara a muchos a recorrer el camino del amor o a percatarse de que lo que creían amor tenía mucho más de egoísmo. Lo lógico es que la clarificación de conceptos haga que a los pies del alma se le coloquen alas ingrávidas y los caminos que llevan al amor sean recorridos con mayor alegría, al ser la sinceridad y el desprendimiento su verdadero motor. Saber y experimentar que la única razón de la vida de quien ama es su posible y total donación al amado supera con creces la fuerza de cualquier argumento sobre el que pueda asentarse el fundamento de la felicidad verdadera.

¿Infantes a perpetuidad?

Hombres maduros no hay muchos. Diríamos que hay más bien pocos. Algo similar a lo que ocurre también entre las mujeres. Para encontrar un hombre o una mujer madura, hay que encender muchas luces y muchas linternas, al igual que hiciera el filósofo griego Demócrito. Hombres y mujeres en proyecto de maduración tampoco hay demasiados. Porque no se lo propusieron siquiera, porque se creyeron que por ser hombres y mujeres en conformidad con la partida de nacimiento no necesitaban de más, porque les magnificaron desmedidamente sus posibilidades o sus propias virtudes y por tantas otras razones o sinrazones, el hecho es que la maduración personal en los hombres y en las mujeres no siempre rebasa los límites del deseo o del lejano y descomprometido proyecto. El censo de los hombres y mujeres integralmente maduros sería preferible no hacerlo, ante el temor de que no coincidiera con el de los ciudadanos y contribuyentes normales.

Y es que ni el hombre ni la mujer pueden madurar y, por lo mismo, realizarse, si no es a través del conocimiento de sí mismos y del mundo en el que se hallan insertos. Para conocerse a sí mismos, hay que saberse distintos a los otros. Hay que reflexionar y estudiar. Hay que colocarse fuera de sí, es decir, en los otros, para disponer de perspectiva suficiente para ver y verse. Hay que estimar la tarea del conocimiento personal tan importante como otras tareas de tipo laboral o profesional. Conocerse a sí mismo exige también recabar la colaboración de otras personas y esto supone y exige humildad y muchos sacrificios. Es necesario pedirles a otros prestados los ojos y la escala de valores. Y también hay que conocer nuestro mundo. Por muy pequeño que sea, es todo un mundo, lo que quiere decir que es también tarea difícil. Y es que con frecuencia no vivimos en nuestro mundo. O no vivimos, o vivimos fuera de él. Hicimos de nosotros un mundo, o nos convertimos en el «ombligo del mundo».

Con estos presupuestos mentales la felicidad no resulta fácilmente conseguible. Es imposible su consecución. Sin conocernos, y sin conocer nuestro mundo, carecemos de proyecto personal o éste es irrealizable. No maduramos. Nos convertimos en infantiles a perpetuidad. Nuestra felicidad sería la propia y la que demandan los niños pequeños. Proseguiríamos por la vida, pese a los años y a la referencia veraz del D.N.I., con los trajecitos de la Primera Comunión.

Sombras delincuentes

La inconformidad bien administrada es una de las fuerzas más decisivas y renovadoras de la humanidad. Un colectivo o una persona con

161

tendencias a instalarse en el conformismo tiene contados los días de su permanencia en el mundo. Su fin está cerca. El conformismo es la negación de la iniciativa, de la actividad y de la vida. El conformismo es muerte real o, en el mejor de los casos, muerte aparente.

En la actualidad apenas si podemos estar conformes con algunas cosas. Éstas se gastan, el alma se ausenta de ellas, las usamos y manipulamos exclusivamente en provecho propio, las violentamos, les robamos el aroma de la naturalidad, las artificializamos y las sustituimos por sus sucedáneos... Tampoco podemos estar conformes con no pocas personas... Mientras que unas se convierten en dioses, otras lo hacen en seres vegetales, en minerales otras y, de las más se ausenta la razón, dejándolas en la irracionalidad más inerte...

Ahora y aquí proclamamos nuestra disconformidad, por la excesiva y atenazante cantidad de sombras que existen en torno a las personas. Sí, «no estamos conformes con este mundo de sombras». Queremos un mundo más transparente. Más diáfano y limpio. Más claro. Más de cristal y menos de hierro y cemento. Más de luz y de aire. Más veraz y objetivo. Más conocido y cercano. Rechazamos las sombras, las penumbras, las opacidades y los entoldamientos. Somos conscientes de que, mientras que las sombras facilitan el engaño y el crimen, la claridad los rehúye. Estamos convencidos de que, mientras que las sombras desfiguran, achicándola o agrandándola, la realidad la luz nos proporciona su medida exacta. Las sombras son delincuentes. La luz es protección y defensa. Las sombras dan miedo. La luz reporta satisfacción, felicidad y alegría. Con sombras no se vive. Se muere.

Va y llega la felicidad

Para unos lo más importante en la vida es ir. Para otros es llegar. Para pocos lo que realmente tiene importancia, y además expresa con veracidad la condición humana, es llegar, si bien para ello hay que ir. En la relación ir–llegar es en la que se halla para éstos la esencia de la felicidad y de cuantas felicidades la forman y componen. Éstos se encuentran a sí mismos como yendo siempre, lo que les supone y les reporta las alegrías propias de quien está asimismo siempre llegando. En cualquier camino que emprenden, ir y llegar se hacen presentes en la intención y en la actividad. Llegan cuando van y, yendo, están de continuo alcanzando la meta. Se trata de diversas formas de entender y de interpretar el sentido que tiene el camino. Es cuestión de formación y hasta de apetencias y gustos.

De todas maneras, la vida es camino. Cuando éste termina, termina también la vida. Pero el dinamismo y el movimiento que define la vida exige la actitud propia de quien inicia el camino. No se trata de un camino que comenzó una vez y ya está. Se trata de un camino que hay que iniciar permanentemente: todos los días, a todas horas y con todas las personas. Y un camino que es siempre distinto, al igual que nosotros y que los demás. Ni ellos ni nosotros somos todos los días y a todas horas los mismos. Puede ocurrir que ni siquiera nosotros y en determinadas circunstancias nos conozcamos a nosotros mismos, algo que acontece así y nos acontece también con los otros.

En relación con la felicidad, esta reflexión alcanza cotas de veracidad muy considerables. Para algunos la felicidad sólo está y se halla en ir. Lo que les importa y lo que les hace felices es estar siempre yendo, sin tener en cuenta y sin proponerse el destino o la meta. Para otros, no obstante, lo que les hace únicamente y de verdad felices es llegar, no habiéndoles importado los sacrificios y esfuerzos, y no habiendo considerado y ponderado las alegrías posibles que les proporciona el camino. Otros son felices cuando ir y llegar se hicieron para ellos un todo que afrontaron como una unidad fluyente, y permanente a la vez, de tal modo que, al ir, estaban llegando y, cuando llegaron, todavía tenían la sensación de que iban... Son modos diversos, más aún, complementarios de recorrer el camino a la búsqueda de la felicidad.

Actualidad de la felicidad

El hombre está llamado a la felicidad. Ésta es su tarea y su meta, entre otras razones porque él es casi todopoderoso. El hombre por hombre puede hacer casi todo. Dios le confirió poder suficiente como para estar recreando de por vida su propia obra creada. Mediante el cumplimiento de su vocación laboral o profesional, y en el desarrollo de su vida personal, familiar o social, el hombre completa la obra de Dios permanentemente. Su trabajo –sus manos– y su pensamiento son fuentes de creación. Esto quiero decir que, a semejanza con Dios, el hombre puede ser concreador, por lo que casi todo puede llegar a ser también obra suya, con lo que el derecho a la felicidad le pertenece por méritos propios, es decir, delegados.

La idea está desarrollada repetidamente y se nos hace ahora presente en estas dos sencillas y escuetas formulaciones: «Nuestra mente, en sí misma, puede hacer un cielo de los infiernos y un infierno de los cielos»; «el que tiene imaginación, con qué facilidad saca de la nada un mundo». Estamos como al principio de todo un mundo de descubrimientos. Cada día son muchas y muy singulares las sorpresas que se nos suministran en relación con logros, inventos y consecuciones. Y no hemos hecho nada más que empezar. Lo que ayer mismo parecía impensable, hoy se hace tangible y demostrable y no solamente en el mundo de las pruebas y experiencias. Ocurre también en el del pensamiento y en el de los descubrimientos internos en los que el «yo» está comprometido. En estas esferas apenas si hemos dado unos pasos...

Lo que ocurre es que en cuanto tiene relación directa con la felicidad han sido mucho más cortos los pasos dados por la humanidad, tanto personal como colectivamente. La felicidad se nos ha quedado hoy a las puertas de los avances y descubrimientos en la actualidad y ni siquiera podemos ser más felices, por ellos, sino que en frecuentes ocasiones somos más desdichados e infelices, precisamente por ellos. La tarea de la felicidad es también obra humana.

Se hace adulta la felicidad

Todo lo que tiene vida se desarrolla y crece. Los seres humanos, los animales y hasta las plantas. Es ley inapelable de vida. El crecimiento se encuentra en su propia raíz. Es expresión de la vida. Por eso no nos debiera sorprender la comprobación del desarrollo de los seres vivientes y de cómo, con lentitud o con aceleración, crecen, se estiran y espigan... De la noche a la mañana, o pasado algún tiempo, comprobamos cómo la madurez, la adultez o la granazón hicieron cambiar a los seres vivientes, dándoles nuevo rostro y configuración.

No obstante, el poeta se admira y se sobrecoge ante la comprobación natural del desarrollo de determinados seres y se manifiesta así: «Son cada vez más grandes las serpientes». Es explicable el estupor del poeta. Lo es, porque da la impresión de que sólo son las serpientes las que crecen tan descomunal y tan repugnantemente. Porque llegamos a creer que el crecimiento de estos animales es mucho mayor y mucho más notorio. Porque nos parece que, a su lado, los demás animales permanecen menudos o enanos. Porque estimamos que es lo execrable y lo aborrecible lo que crece más y mejor que lo distinguido y lo ventajoso. Porque nos figuramos que lo que repta por la tierra tiene que ser más rebultado y pesado que aquello que vuela... y hace del viento abanico y caminos para sus alas...

No hay duda que, tal y como asegura el poeta, «son cada vez más grandes las serpientes». Es la realidad y no cabe olvidarla. Pero también son cada vez más grandes las alas de los pájaros y las de las mariposas, y más grandes sustantivos y seguros los motivos que pueden inducirnos a descubrir la felicidad, a profundizar en ella y a hacer partícipes de la misma a los demás.

La medida de la felicidad

Es muy ilustrativo este pensamiento tan plural: «La felicidad no depende de lo que nos falta, sino del esmerado cultivo y administración de lo que tenemos. La felicidad se hace, no se halla. Brota del interior, no viene de fuera». Y es que si la felicidad dependiera de lo que nos falta, habríamos de ser siempre y en todo infelices. A todos nos faltó todo o casi todo en la vida siempre y cuando el índice de nuestros anhelos resulte ser considerado como más o menos normal. Por pocas que sean nuestras apetencias de bienes naturales o espirituales, su consecución en todo o en parte es ciertamente imposible. Nuestra sed de felicidad sería, por tanto, insaciable, al serlo la de los bienes posibles.

Lo que importa de verdad en la búsqueda y logro de la felicidad es el cultivo y administración de lo que tenemos. Y lo que tenemos es normalmente mucho. Tenemos salud y suficientes medios de fortuna, amor, entendimiento, sensibilidad, cariño, naturaleza, amistades, recuerdos, olvidos... Tenemos mucho y de casi todo. Y además hasta nos tenemos o nos podemos tener a nosotros mismos. Si descubriéramos lo que tenemos y lo que podemos tener, nos sentiríamos ciertamente ricos. Si nos dedicáramos a cultivar y administrar como corresponde eso que tenemos, agrandaríamos el capital de nuestra felicidad de manera muy estimable. Apenas si alguno podría permitirse el lujo de ser y de manifestarse pobre de solemnidad sólo con que descubriera lo que tiene y lo apreciara y administrara con rigor. Con lo que tenemos y con una administración adecuada, disponemos de medios más que suficientes para no echar de menos la felicidad. Hay muchas otras personas que para ser felices, se conformarían con lo que tenemos nosotros, sin más aspiraciones.

La solución no está sólo en conformarse con lo que tenemos. Está en darse cuenta de ello, en cultivarlo y administrarlo con criterios de responsabilidad solidaria. La solución está en poner en circulación nuestros propios recursos humanos, impidiendo que se deterioren o inutilicen. Hay que tener muy en cuenta que, a tenor del pensamiento que nos sirve de base, la felicidad no se halla, sino que se hace. Ella no brota fuera de nosotros. Brota en nuestro interior. Es decir, ella es, en gran parte, «nosotros». Nosotros mismos somos la medida de nuestra felicidad personal.

Feliz naturaleza

De un pensador de la España moderna se llegó a decir que, a consecuencia del intenso amor que profesaba a la Naturaleza, era su gran «sentidor». Don Miguel de Unamuno amaba y sentía la Naturaleza, hasta participar de su felicidad de forma expedita y clarividente. Y es que para el pensador, filósofo o teólogo, la Naturaleza se identifica con la misma felicidad fontal que es Dios, que se manifiesta al ser humano por estas dos vías, no solamente a través de la revelación, sino en el espejo de su obra creada. En la creación, por su contemplación y disfrute, al hombre le es dado ascender a participar de la felicidad en sus mismos orígenes. Dios–Felicidad, espejea su presencia en la creación y su testimonio y actividad se hacen regalo para quienes hayan decidido mirarla y admirarla con la sensibilidad requerida.

La Naturaleza, como fuente y explicación de la belleza–felicidad de Dios, fue la explicación por la que el hombre de la Edad Media se retiraba con frecuencia a ella, sobre todo con la fundación y ubicación de los monasterios. Su entrega a la contemplación y al estudio llevaba consigo el disfrute de la belleza contenida en sus paisajes. Especial recomendación hizo Alfonso X *el Sabio* en sus «Siete Partidas» en relación con el emplazamiento que habrían de tener los Estudios Generales o Universidades, pensando precisamente no en la ciudad, sino en lo saludable y en la belleza del paisaje que habría de rodearlo: «De buen aire, et fermosas salidas debe ser la villa do quieren establecer el estudio, porque los maestros que muestran los saberes et los escolares que los aprenden vivan sanos, et en él puedan folgar a la tarde cuando se levantaren cansados del estudio».

Quienes sean o se preparen para ser de verdad «sentidores» de la Naturaleza tienen ya mucho camino recorrido para alcanzar la felicidad. Ésta no se encuentra lejos y su consecución hasta puede resultarles asequible y barata. La felicidad de la Naturaleza facilita la consecución de la felicidad del conocimiento y de la contemplación, además de la de la salud y del estudio. Las «fermosas salidas», o el bello paseo por los alrededores del lugar en el que se vive o estudia hace nacer y acrecienta la felicidad en el contacto conmovedor y dialogante con la Naturaleza.

Felicidad al alcance de todos

De la felicidad se han dado y se dan múltiples definiciones. En todas las culturas se pretendió siempre concretar en pocas palabras los elementos necesarios para asentar sobre ellos la felicidad para el hombre y para la mujer. Y, en algo en lo que cuenta también lo subjetivo, es explicable que el número de sus definiciones coincida aproximadamente con quienes se decidieron a formularlas y más con quienes creyeron que eran o no eran felices. Y es que también aquí puede acontecer que, lo que de verdad existe, no es la felicidad, sino personas felices.

Al revisar fórmulas que pretenden una aproximación a la felicidad en esta oportunidad nos quedamos con ésta: «Ser feliz es sentirse bien uno mismo». Y, para sentirse innegablemente bien, no a todos les hace falta el dinero. Ni la estima o consideración social. Ni ejercer el dominio. Ni la práctica o la teoría del sexo. Ni ser hombre o mujer. Ni poseer esto o aquello. Ni tener tantos hijos. Ni haberse colocado en la cúspide de cualquier poder. Ni mandar, ni obedecer. Ni ser admirado o admirador. Tampoco es imprescindible para «sentirse bien uno mismo», disfrutar permanentemente de buena salud. Ni estar casado, soltero o viudo. Ni ser joven o viejo. La felicidad verdadera puede llamar a las puertas de todas las situaciones familiares o sociales.

Por supuesto que hablamos aquí de la felicidad radical. La felicidad del alma. La que no está a la intemperie o expuesta a toda clase de peligros. La felicidad definida por el ser, el vivir y el convivir. Por amar y por ser amado. Por cantar solo o acompañado. Por pertenecerle a uno muchos caminos, internos o externos. Por poder sentirse parte integrante de la obra creada. Por tener acceso a la luz y al sonido. Por ser libre alguna vez o en algo. Por sentirse atraído por la fuerza de la transcendencia, de alguna manera. La felicidad está también y sobre todo en que es tan barata y tan asequible, que está al alcance de todos...

Sembrar con felicidad

Se puede sembrar o resembrar de muchas maneras. Todas pueden ser efectivas, siempre y cuando el tiempo sea hábil para ello y siempre y cuando los elementos naturales acompasen su presencia y actividad germinadora a las exigencias de cada semilla. Pero la cosecha intensifica la granazón y la amplitud de su multiplicación no sólo en función de lo que podrían ser elementos naturaleza. La generosidad de la cosecha depende en gran parte también de la coincidencia de otros elementos intangibles, pero igualmente feraces y generadores. La cosecha es obra de los hombres y esto quiere decir que una buena parte de cuanto es él hay que valorarla tanto a la hora de esperar, como a la de medir y ponderar la cosecha. Nada de lo que es humano puede reducirse a número y a materialidad.

Esto quiere decir, por ejemplo, que cuando al sembrar se hace presente el amor, el entusiasmo, la esperanza, la solidaridad, el tesón, la atención y el respeto a los ciclos naturales, la preocupación familiar y social, la responsabilidad personal... es difícil que la cosecha se frustre o no responda a las esperanzas que fueron en ella colocadas. La semilla sembrada de esta manera, con mayor sentido y contenido personal, cuenta con posibilidades mayores de crecimiento y de granazón. Sembrar con felicidad y para la felicidad propia y ajena es también una de las claves para que la cosecha llegue a ser un éxito. Quien al sembrar se siembra a sí mismo y siembra parte de su «yo», pensando en el «otro», tiene asegurada una buena cosecha, pese a las amenazas del pedrisco o del hielo. Quien al sembrar recaba la colaboración de otros, es probable que vea y experimente crecer su semilla con mayores ventajas...

Nuestra vida es un constante sembrar. Sembramos y, a la vez, nos sembramos. En esto consiste el misterio de la fertilidad personal. Sembrar sin sembrarse equivale a dejar estéril la tierra. La fertilidad se torna tarea imposible cuando al sembrar no se siembra quien siembra o no se hace presente y activo el amor. Quien siembra de esta manera, acrecienta su felicidad y multiplica la ajena. El mundo tiene necesidad de cosechas de felicidad. El mundo tiene hambre de pan y de paz, en proporción similar a como siente y padece hambre de felicidad. Ésta se puede y se debe sembrar y tal quehacer será una de las obras más meritoriamente humanas.

La felicidad sabe conducir

Resulta sorprendente e incivilizado el número tan alto de accidentes de tráfico que se registra hoy en España, situada a la cabeza de muchos países en este desgraciado ránking de sangre... Y es importante y significativo descubrir que ni la máquina ni el asfalto son los factores más frecuentes de su provocación. El factor más decisivo es el hombre: sus soberbias, su ignorancia de las leyes del Código de la Circulación, su desconocimiento de las posibilidades de la máquina, su atrevimiento, su afán de superar a otros, su creencia de sabérselas todas... son factores determinantes y provocadores de la mayoría de los accidentes de tráfico.

Y es que, en definitiva, cada uno conduce como vive. Una persona cargada de problemas sentimentales, económicos, familiares, sociales, incapaz de dominarse a sí misma, bloqueada por condicionantes psicológicos... no podrá nunca conducir un automóvil, ni llevarlo a la meta

168

propuesta. Quien no se conduce a sí mismo, ni se comporta como una persona, no debería conducir un vehículo. Al hacerlo, se constituye en un peligro inminente contra la más elemental convivencia. Sólo por el hecho de conducir sin saber conducirse, se es ya un delincuente en potencia...

Como cada uno conduce como vive, fácilmente se descubre la exactitud de la proporción actual de accidentes de tráfico, si se profundiza y se toma conciencia de cómo viven tantas personas en relación con el mundo de su economía, de sus afectos, de sus insinceridades, de sus agresiones mutuas, de sus enemistades consigo mismo y con los demás, de sus desbordamientos sociales, de sus insatisfacciones radicales en la profesión o en el oficio... Aprender a conducirse bien a sí mismo, es aprender a conducir bien su vehículo, por mucha potencia que posean sus caballos y por muchas curvas y baches que tengan nuestras carreteras. Conducir conduciéndose a sí mismo es fórmula clave en las carreteras que llevan a metas y destinos de felicidad.

La felicidad del tigre

La persona feliz es optimista de por sí, al igual que el optimista es también feliz de por sí. Optimismo y felicidad forman un alegre y activo compendio de humanidad que constituye una de sus riquezas más deseables. Sin felicidad o sin optimismo, a la humanidad le faltarían muchos enteros para que su capital mereciera consideración y estima. Optimismo y felicidad hacen posible que se llegue a desarrollar un esquema de vida propio de los seres humanos. Sin optimismo o sin felicidad, la vida apenas si tiene sentido. La carencia de optimismo y de felicidad llevó y lleva a muchos al deterioro personal, a la desesperación y hasta a la muerte.

Son muchos y de gran peso e interés los pensamientos que nos salen al paso en nuestra reflexión acerca de la necesaria relación entre felicidad y optimismo o entre optimismo y felicidad. Un ilustre político y estadista gustaba referir que «yo soy optimista, porque parece que no se gana nada no siéndolo». El pensamiento de Winston Churchill primaba la idea del sentido práctico y hasta de haber alcanzado la conclusión de que aunque sólo fuera por razones de conveniencia personal, estaba justificado ser optimista. Hay quien dice que el éxito logrado en sus más importantes empresas políticas se debió en gran manera a su capacidad de ser y demostrar ser optimista. Un proverbio etíope condensa parte de la filosofía del optimismo en estas palabras: «No blasfemes contra Dios por haber creado el tigre. Antes bien, debes agradecerle no haberlo dotado de alas».

«La predisposición a ver y a juzgar las cosas desde su lado y aspecto más favorable» es una buena definición del optimismo. Y esto, prestándole atención a la vida en su multiplicidad de formas y colores, no es tarea imposible y ni siquiera difícil. Diríamos que es tarea asequible y al alcance de todos. Esto quiere decir que también la felicidad es alcanzable y se halla próxima a quienes quieran descubrirla y anexionarse a ella o a parte de ella. Basta y sobra con reflexionar.

La felicidad de la pareja

Pese a los desasosiegos inherentes al amor, éste es, por definición, fuente de felicidad. Aún más, tales desasosiegos y alguna que otra inquietud, le confieren al amor un estado de vigilancia, necesario para su atención y cultivo. Y una de las consecuencias más satisfactorias que lleva consigo el amor es que produce, instituye, multiplica y hace rebosar los días de felicidad de la vida de los protagonistas. Si bien es cierto lo que algunos aseveran de que «el amor acorta los días», es mucho más cierto que, a cambio, los llena. Sin amor, los días son vacíos. Sin amor no dejan huella los días. Pasan por ellos como de puntillas, sin olor ni sabor. Sin poder dejar el inconfundible rastro de su personal perfume. El amor transforma y transfigura los días. Los hace más refulgentes. El amor logra que en el calendario personal todos los días se señalen con el color rojo propio de los días festivos. Un día de amor o con amor vale, al menos, por dos. El amor multiplica por dos sus efectos.

Y es que uno de los efectos asequibles y lógicos de la presencia y actividad del amor, que es justificación de la felicidad, es el de que, al ser correspondido, genera como fruto natural la alegría y la satisfacción por haber podido encontrar a alguien con quien compartir la vida en toda la acepción de tan sagrado término, a la vez que haber podido encontrar un hombro sobre el que reposar. En un mundo como el actual, definido por la insolidaridad, lograr el convencimiento de que el amor es y crea comunidad de por sí y por propio dinamismo, es estar en disposición de posesionarse de parcelas insospechadas de felicidad. Tener la seguridad de que el amor descubre y proporciona otra persona en la que reposar, con lo que restaurar así la salud para el alma y para el cuerpo, constituye una felicidad impensable.

Entre tan numerosos y placenteros efectos que proporciona el amor, hay que resaltar una vez más el de que, con él, uno puede encontrarse a sí mismo fuera de sí y en el otro, formando con él una unidad en la que «yo» y «tú» se disponen a edificar el «nosotros» en un proyecto serio y comprometido de vida. El «nosotros» es la casa que al «yo» y al «tú» le prepara el amor, con lo que la felicidad está asegurada a perpetuidad.

¿«Se nos rompió el amor...»?

Todo o casi todo se rompe en la vida. Los años, las desilusiones, el uso y el abuso, el no uso, la falta de calidad, la precipitación, la falta de conocimiento y tantos otros factores más, ocasionan y explican el deterioro, la quiebra o el rompimiento de la mayoría de las cosas. Prácticamente todo con lo que nos relacionamos se puede romper, y se rompe, aun antes de que nos rompamos nosotros.

Y, claro, también se puede romper el amor, tal y como con precisión poética nos lo recuerda una canción con dramática frecuencia. A pesar de las ataduras claveteadas, de los nudos fuertes, de la doble o triple cuerda, de las promesas de eternidad, de los gestos y signos de indefectibilidad..., también el amor se le puede romper a cualquiera. Nada ni nadie y ni siquiera su institucionalización civil o canónica, puede garantizar de por vida en la práctica la estabilidad del amor. Esto es así y así hay que reconocerlo, aunque nos cueste aceptarlo. Aún más, el humilde y sensato conocimiento de tal posibilidad seguramente que hasta le sería beneficioso a tantos que merodean o habitan ya junto al santuario del amor.

Pero si estamos totalmente de acuerdo con la frase «se nos rompió el amor», no lo estamos con la otra que en la referida canción la completa, explicando que fue «de tanto usarlo». El uso no rompe el amor. Lo sustenta, crea y recrea. Es un bien tan espiritual el amor que, a medida que se use más, más y más se agiganta, afinca y perdura. El uso no rompe jamás el amor. Lo rompe su abuso. Es decir, su instrumentalización, su puesta al servicio de uno de los dos, su rutina, su infidelidad, el egoísmo de uno, de otro, o de los dos, su falta de atención y cuidado... Todo esto es lo que rompe y mata el amor y la felicidad que lleva dentro de sí.

La felicidad desde dentro

La felicidad define a las personas. Ella es la meta. Y el motor. Y el punto de referencia. Y el punto de mira. Ella es mar. Y río. Valle y monte. La felicidad es vida y proyecto de vida. La felicidad es algo y es alguien. Es cuerpo y espíritu. La felicidad está en todas partes. Y en todas las personas, aunque no todas sean felices. La felicidad tiene nombres y apellidos de hombre de mujer y de niño...

Pero cada uno tiene y aspira a felicidades distintas. La felicidad no es igual para todos. Lo que hace y es felicidad para algunos, no hace y es felicidad para otros. El dinero, la comodidad, la fama, la salud, la cultura, el amor, la libertad, el arte, la familia, el espíritu, Dios, el hombre, la mujer, el trabajo, el descanso... son y aportan felicidad a los seres humanos. Estos y otros conceptos más generan la felicidad y se constituyen en su justificación suprema.

No obstante, muchos equivocan los caminos y las metas de la felicidad. Muchos la colocan donde no puede ni debe ser colocada, por lo que no son de verdad felices, a pesar de algunas apariencias. Y es que el camino de la felicidad pasa necesariamente por dentro de uno mismo. Y la meta está también dentro de nosotros. Ser feliz es, en definitiva, sentirse bien uno consigo mismo. No se es feliz desde fuera. Se es feliz desde dentro. Si uno no se ha encontrado a sí mismo y no se siente a gusto con él, no le será posible aspirar a sentirse bien con el dinero, con la fama, con la cultura, con la fuerza, con el hombre o con la mujer. Encontrarse y saberse tal y como se es, y experimentar la sensación de contentamiento y de placer, es haberse ganado y merecido la felicidad no sólo para sí, sino también para los demás.

¿«Hacer el amor»...?

Se trata de una expresión que para unos fue y sigue siendo más o menos feliz, pero para los más es pantalla con la que se pretende paliar los efectos estridentes que podrían suscitar otras expresiones registradas en los diccionarios y que, pese a tales estridencias, son las que deberían emplearse por ser las realmente adecuadas. «Hacer el amor» es una expresión que la mayoría de las veces encubre el verdadero sentido que contiene la acción a la que se la denomina de esa manera. Hacer el amor es, por tanto, no pocas veces una indigna pantomima que quiere expresar y manifestar algo para lo que está incapacitada ya desde el principio de su misma concepción, idea e intencionalidad, por una parte, por otra o por las dos. Hacer el amor disfraza con frecuencia el sentido y el contenido del amor humano, identificándolo en exclusiva con el sexo en su más deshumanizada acepción.

Huelga reseñar que hacer el amor tal y como con frecuencia se hace y ejecuta, no será fuente de felicidad para los seres humanos. Podrá reportar determinados placeres aunque sólo sea por la puesta a punto o en forma de los mecanismos orgánicos que acompañan movimientos, situaciones y gestos de los que a veces hasta se pueda asegurar que «son versos o poesía de los sentidos». Podrá resultar una acción placentera por llevar consigo la toma de posesión en plenitud de un cuerpo o por sentirse poseído ese mismo cuerpo, sin detenerse a pensar si el espíritu se exilió o no precisamente en esos momentos, para volver después, o para no hacerlo jamás, en vista de la deshumanización a que fue sometido.

Y es que el amor no se hace. El amor se da o se recibe. El amor se merece. El amor y la expresión del mismo en su totalidad que pasa por el sexo, lleva consigo una idea y una interpretación interpersonal en la que uno y otro son y se comportan como personas humanas, en la entrega amorosa, desinteresada y «a fondo perdido» de cuanto se tiene y se es. Hacer el amor es algo muy serio como para que unas personas dotadas de razón y de sentimientos busquen tan sólo, y aspiren a detenerse y se detengan, en el contacto físico sin más. Hacer el amor en diálogo de entrega y de donación, con respeto e inteligibilidad, es causa y fuente de felicidad. Otra cosa es otra cosa y no puede pedírsele más.

Felicidad enamorada

La felicidad alcanza la categoría de enamorada en determinadas ocasiones y es entonces cuando las satisfacciones que reporta se hallan más al alcance de la mano. La felicidad enamorada es culmen de aspiraciones humanas. Justifica los esfuerzos por lograrla y también los dolores y sacrificios que reclama su consecución. Las personas enamoradas dicen ser y son más felices. Los signos externos lo delatan y hasta con exageración y sin medida. Los enamorados siguen siendo ellos mismos –hombre y mujer–, pero mucho más felices y esto les hace ser y hasta comportarse a veces como otros. La felicidad del enamoramiento añade un plus de humanidad transcendida y luminosa, pero invalorable a la luz de los razonamientos humanos.

Y como se ha escrito tanto del amor y del enamoramiento, no resulta fácil elegir y hacer propia alguna de sus definiciones. Se ha dicho, por ejemplo, que «el amor consiste en descubrir a otra persona sobre la que proyectar nuestros cuidados y atenciones y nuestra condición específicamente humana». Se ha dicho que «enamorarse consiste en no poder llevar a cabo el proyecto de vida personal de cada uno sin integrar en él a esa otra persona». Y este proyecto se explica y desarrolla señalando que «exige compartir con esa otra persona la vida, buscando lo mejor para ella y deseando su bien y su felicidad». Esto lleva implícito la constitución de una comunidad de bienes con intención de hacerla perdurable.

Entre tantas consecuencias como se alcanza a descubrir desde la atalaya de esta definición de la felicidad enamorada, la primera y más urgente que surge es la necesidad de revisar conceptos tan claves como amor y enamoramiento. En ellos han de reforzarse las ideas de «otro», «persona», «humanidad», «proyecto estable», «comunidad», «integración», «respeto», y «participar y compartir por igual». Huelga sugerir que en tales definiciones no se hacen presentes tantos elementos y consideraciones espúreas que en la mayoría de los casos enmascaran el verdadero concepto de amor y de enamoramiento y, por tanto, el de felicidad enamorada o por enamoramiento.

Felicidad-misericordia

Unos y unas colocan el ideal de felicidad en unas cosas y otros y otras lo colocan en cosas totalmente distintas. La fuerza, la sabiduría, la inteligencia, la amistad, la capacidad de decisión, la oportunidad, la belleza, el dinero y tantos otros factores personales, familiares o corporativos, contribuyen, en menor o mayor proporción, a hacer y a presentar a las personas como felices... La felicidad y su ideal es múltiple y tiene muchas caras. En esto, como en todo en la vida, la cultura, la educación, el entorno familiar y social, las convicciones, el temperamento, el carácter, la edad, el sexo... influyen de manera muy determinante.

Aunque pocos, ya algunos comienzan a creer que la felicidad personal está en el ejercicio de la misericordia... La misericordia tiene para estas personas todas las condiciones exigidas para aspirar a ella y para que, viviéndola, el mundo tenga pleno sentido y sus moradores se sientan en él confortablemente seguros.

Si fuéramos todos un poco conscientes, y tuviéramos en cuenta la capacidad de destrucción que hoy almacenan determinados Estados, nos veríamos obligados a reconocer que la felicidad más elemental tiene que estar en el ejercicio de la misericordia y en el de algunas de las virtudes cercanas a ella. Pero para lograr tal convencimiento, hace falta un radical cambio en los procedimientos en los que se educan las generaciones presentes, a las que tal ideal lo siguen colocando los educadores en el poder, la fuerza, la intransigencia, el dinero... Sin dramatismos falaces, esto quiere decir que difícilmente la educación actual salvará el mundo. Lo condenará.

La tarea feliz del «yo»

Hay personas que únicamente saben hacer uso del «yo», «yoyeando» a perpetuidad. Son muchos y muchas los que creen que el mejor trabajo que podemos realizar con nuestro «yo» es hacerlo verbo transitivo y dedicarse de por vida a conjugarlo en todos los tiempos y ocasiones posibles. «Yoyear» es actividad soberana para muchos. Su «yo» es su capital, aunque éste tan sólo les sirva para exhibirlo y para reafirmarlo ante propios y extraños. No desaprovechan ocasión alguna para referirse a su «yo» con cuantos predicamentos crean necesarios para adelantar a cualquier «tú» en la carrera de las competitividades, no importando si son estas consuetudinarias o excepcionales.

En este momento de la reflexión que afrontamos nos valemos de unas palabras del filósofo Kierkegaard, que nos dice: «El "yo" no es algo que es, sino algo que será. Es una tarea». Sin crear susceptibilidad de ninguna clase, tenemos la seguridad de que son muchos a los que la lectura de esta frase les habrá convocado a toda clase de sorpresas. Pocos son los que descubrieron que el «yo» que tenían y tienen no es algo que es, sino algo que será. Son muchos los convencidos de que su «yo», existe, es y actúa y es merecedor siempre de escribirlo y de pronunciarlo con letras mayúsculas. Para la mayoría su «yo» es un «yo» adulto, perfecto o, con alguna concesión benéfica y contribuyente, casi perfecto. El «yo» de muchos es un «yo» acabado y total. Un «yo» tan «yo», que es explicable que conviertan con frecuencia en el «nos» mayestático. Es un «yo» en plenitud.

Pero ocurre que un «yo» exonerado de las dotes referidas no puede ser portador de felicidad, entre otras elementales razones porque ese «yo» no existe en el mundo. Es un «yo» irreal e inverosímil. El «yo» que es portador de felicidad es el «yo» que todavía no es, sino el «yo» que será. El «yo» por venir. El «yo» que se espera y prepara. El «yo» que se convierte en tarea a la que se le hace entrega constante de buenas dosis de trabajo perfeccionador y creciente. Esta tarea es generadora de felicidad y el «yo» resultante de ella es un «yo» reconfortantemente feliz, que con facilidad se convierte en el «nosotros» de la colectividad a la que nos debemos o pertenecemos.

La felicidad «pasa» de revistas

Es tanta, tan generalizada y tan pregnante la aceptación que tienen en la actualidad las «revistas del corazón», que muchos dirían que el ideal de vida de las personas que aparecen con mayor asiduidad en sus páginas es el deseable, a consecuencia del capital de felicidad que tengan acumulado, reflejen y hasta puedan transmitir. No es factible otra explicación al excepcional número de lectores que tales revistas acaparan y exhiben, a no ser la de la felicidad que manifiestan tener sus protagonistas. Nadie pensaría que los lectores acudieran con tanta asiduidad y constancia a enterarse de cuanto hacen sus ídolos, si no consideraran que todos ellos rezuman felicidad en sus vidas, en esferas familiares, sociales o profesionales.

Pero no siempre es verdad aquello que luce o reluce. Aún más, con frecuencia es una triste, descalificadora y hasta insoportable mentira. Buscar modelos o arquetipos de felicidad en las páginas de las revistas llamadas del corazón es falaz pretensión. Es tarea que equivoca y confunde. Desnorta y, a veces, hasta destruye y aniquila. Querer trasladar a la vida cotidiana de los ciudadanos normales los esquemas de vida de esas revistas rebasa los linderos de la sensatez y hace caer en bien merecidas descalificaciones y en estupideces absurdas. Intentar mirarse en el espejo de las vidas allí ofrecidas, e imitar sus comportamientos y actitudes, equivale a conformarse con una copia de felicidad, que la mayoría de las veces carece de autenticidad y sentido. Tantas vidas vacías, tantos episodios contrarios a toda razón, tantas veleidades, tantas inseguridades y ficticiadades, tanto derroche, tanta tontería y volatilidades jamás podrán ofrecerse a las personas sensatas como modelos dignos de imitación.

Quienes pretenden buscar en ellos un ápice de felicidad, no lo lograrán, por incapacitación radical. Si fuera la razón de felicidad ejemplar lo que pudieran tener y exhibir tales personajes o personajillos, el engaño resultaría bien y fácilmente patente, sólo con someter a valoraciones personales serias sus comportamientos. Para ello elegiríamos, por ejemplo, la esfera de sus relaciones familiares.

La felicidad en el canto

Nos ha impresionado la frase de que «no cantamos porque nos sentimos felices, sino somos felices porque cantamos». Es un pensamiento que requiere alguna reflexión, en unos tiempos como los de ahora, en los que apenas si se canta o, en los que quienes cantan, lo hacen cobrando, por profesión o por oficio y ahorrándoles a los otros cantar. Ésta es la verdad. Antes se cantaba mucho más que ahora. Se cantaba con naturalidad y sin pensar siquiera que alguien nos pudiera oír. Cantábamos porque sí y para nosotros. Nosotros éramos el primero y más importante auditorio, al que en alguna ocasión podrían añadírseles algún familiar o amigo. Y la reflexión más liviana nos llevaba a la conclusión de que lo hacíamos no porque nos sintiéramos felices, sino también por la razón soberana del «porque sí».

Si sólo se les diera oportunidad de cantar a los que son felices, a los que dicen serlo o a los que se lo merecieran, habría muchas gargantas en las que se hubiera quebrado el canto, sin posibilidad alguna de recuperar el cantante su letra y su música. Las personas felices cantan, pero cantan más aún las que, con su canto, lo que hacen es llamar a la felicidad. El canto, más que expresar la felicidad, lo que hace es invocarla, convocarla y atraerla. El canto le abre de par en par las puertas a la felicidad y ella se hace presente, aun teniendo para ello que recorrer largas distancias de desafectos, ignorancias y olvidos. El canto invoca y convoca la felicidad con lenguaje muy sonoro e inteligible.

Una buena condición que habrá de tener el canto para que su voz sea respetada y atendida es que letra y música sean dignas, y que se efectúe y realice en común. El canto en colectividad produce corrientes de solidaridad y de convivencia, que capacita e insta a sus miembros para el compromiso y para la acción. El canto en común multiplica indefinidamente su alegría, o su tristeza, pero le confiere siempre una gran fuerza, expresividad y convencimiento. El canto en común atestigua y convence. Sublima, reafirma y hace enraizar y expandir la felicidad. Un discípulo de san Francisco de Asís aseguró en cierta ocasión que «un fraile no debe poseer nada más que su arpa».

¿«Piensa mal y acertarás»...?

Hay refranes castellanos que son ciertamente inmorales. Hay refranes portadores congénitos de infelicidades propias y ajenas, a los que se acogen no pocas personas para fundamentar sus comportamientos, con lo que se privan y privan a otros de numerosos efectos beneficiosos que podría reportarles la felicidad. «Piensa mal y acertarás» es uno de estos refranes merecedores de que sean eliminados del uso en el idioma castellano, precisamente porque les priva a muchos de la posibilidad de vivir algún día felices. «Piensa mal y acertarás» incapacita a perpetuidad a muchas personas a quienes les cierra las puertas de la felicidad para sí y para los otros.

Quien piensa mal de por vida, en todo y con todos, se amarga y amarga a los otros. Quien piensa mal es un enfermo mental o un candidato a serlo próximamente. Es terrible tener que pensar siempre o con frecuencia mal. Es terrible además que se intente encontrar razones para justificar tener que pensar mal, para que se haya de tener en cuenta siempre determinados episodios vividos o que fueron referidos por otros y en los que se demuestra que en aquella ocasión, porque pensaron bien, algunos se llevaron un chasco o fueron engañados. Quien piensa mal se incapacita a sí mismo para poder hacerlo bien algún día y en alguna ocasión, con lo que la injusticia se hace práctica activa normal o frecuente. Quien piensa como por oficio, y consciente o inconscientemente, mal, descalifica a los otros, sólo por ser otros. Además de injusto, es candidato perpetuo a equivocarse, haciéndolo a veces en temas muy graves. La felicidad está reñida con quien habitualmente piensa mal. La posibilidad de acertar se recorta mucho más en quienes piensan mal que en quienes piensan bien. Más aún, por su propia deformación, quien piensa mal, jamás podrá acertar.

Una fórmula, entre tantas, para pensar y acertar bien, es la suministrada por san Agustín cuando dice que «no se entra en la verdad sino por la puerta del amor». El amor no piensa sistemáticamente mal. Piensa bien. Aún más, cuando en alguna ocasión sea explicable tener que pensar mal, prefiere pensar bien, con la seguridad de que también le podrá ser dado acertar. El amor tiene los ojos mucho más claros que la maldad o que el odio.

Egoísmo y sexualidad

La sexualidad es actividad humanizada, humanizadora y creadora de felicidad. Y, desde tal convencimiento, pensamos que los egoísmos del hombre o de la mujer –o de los dos a la vez– incapacitan la sexualidad para poder expresar y expresarse. Con egoísmo no hay sexualidad. El egoísmo le arrebata a la sexualidad todas las palabras y, si le deja algunas, éstas son sólo ruidos o expresiones groseras. El egoísmo mata el sentido y el contenido de la sexualidad.

Curiosamente acontece que es en el ejercicio de la sexualidad donde se detectan más gestos de egoísmo. Y unos piensan que es porque la naturaleza humana no da más de sí; otros, que es porque nadie se educó verazmente en esto de la sexualidad, y otros que es porque a la sexualidad no se le concedió capacidad de expresarse, reduciéndola a una actividad exclusiva o fundamentalmente generadora de placer y de gratificación corporal, y a veces, procreadora de vidas humanas.

Egoístas hay muchos. Y muchas. Egoístas en la actividad sexual, muchos más aún. Es en ella donde más se descubren y donde se manifiestan sin tapujo alguno, por mucho que se esfuercen por disfrazarlo. Resulta fácil llegar a la infeliz conclusión de que el egoísta de verdad es un ser asexual. Exactamente como si estuviera emasculado. Sin posibilidad de encontrarse a sí mismo en la intimidad amorosa con otra persona. Sin posibilidad de relacionar su yo con el tú ajeno, para hacer florecer el nosotros. Al egoísta, por lo tanto, debieran cerrársele las puertas de la institución del matrimonio, por no estar capacitado para vivir en pareja. Aun casado, vivirá en solitario. No se ejercitará en la sexualidad. A lo sumo, se masturbará. Al egoísta–egoísta que estuviera casado habría que declararle nulo su matrimonio.

Naturaleza y felicidad

Tan cercana a los seres humanos y tan pletórica de felicidad y felicidades, la Naturaleza apenas si nos es hoy conocida, por lo que nos privamos de todo o de una parte muy importante de lo que ella posee para hacernos felices. La Naturaleza es nuestra gran desconocida. En proporciones muy limitadas y hasta extrañas, apenas si se nos educa para: para su conocimiento y para su disfrute. Los modos de vida más frecuentes en la actualidad nos ocultan la Naturaleza o nos la alejan, no permitiéndonos establecer con ella un diálogo de conocimiento y de comprensión. Desgraciadamente lo más frecuente es que la relación que se establezca con ella sea de inamistad y hasta de aversión, tal y como, por ejemplo, lo proclaman los incendios forestales o el mal uso de sus propios recursos.

San Francisco de Asís, el santo que canonizó la Naturaleza y que a su vez fue canonizado por ella misma, nos sale al paso en esta reflexión con palabras tan relucientes como estas: «Loado sea Dios por nuestra hermana Tierra, que nos regala con variadas frutas, con hierbas y flores brillantes». La Naturaleza es obra de Dios. Es su obra, pensando en que en ella habría de ser acogido el hombre, su obra maestra. La Naturaleza es madre de los seres humanos. Es el marco en el que viven, se desarrollan y mueren. Es hombre y mujer. Del cuidado que reciba y del respeto con que sea tratada, dependerá ser y convertirse en fuente de vida y de felicidad, regalándonos variadas frutas y adornándose con hierbas y flores de colores múltiples.

Por fin parece que los seres humanos han comenzado a percatarse de la urgente necesidad de cuidar a la Madre Naturaleza. En los últimos tiempos se comprueba un acentuado acercamiento a ella. El turismo en diversidad de versiones, así como la práctica del ocio, están contribuyendo a conseguir una relación con la Naturaleza más personal y respetuosa. Si llegara a morírsenos o a deteriorarse gravemente, la humanidad habría de padecer sus dramáticas consecuencias. La felicidad personal y la de la humanidad depende, en gran manera del respeto que se tenga y se le profese a la Naturaleza.

Dios es feliz

Como no podía ser de otra manera, el filósofo griego Platón proclamó que amor y felicidad van siempre de la mano, de tal forma que sin él la felicidad no es posible o no merece ni el nombre ni la consideración de felicidad. En «El Banquete» intentó demostrar que por encima de todo «el amor perfecto se manifiesta en el deseo del bien». Pero, lógicamente, un deseo efectivo y real, que no se limite a un «desearía» o «quisiera», sino que se convierta en un «quiero» y «deseo», no escatimando para conseguirlo cuantos medios estén al alcance de quien dice amar a esta o a aquella persona. El «quisiera» o «quisiese», sin más, no es tiempo que se corresponda de verdad con ninguno de los del verbo amar.

«Los amores a las cosas particulares y a los seres humanos, dice Platón, no pueden ser sino reflejos y participaciones del amor a la Belleza Absoluta.» Precisamente por eso «el amor es como una locura..., como un dios poderoso... que además produce y lleva al conocimiento» propio y ajeno y al del mismo Dios. El amor es un compromiso con la Belleza Absoluta no contaminada y pura, por lo que cuando es proyectado hacia personas concretas, las considera y estima como partícipes de esa belleza de la que también se hace partícipe quien ama. Aristóteles hace descender su pensamiento a esferas más concretas y define el amor como «el gozo y el deseo de engendrar en la belleza». Desde tal definición, es posible descubrir que quien ama y engendra al amar y porque ama, engendra a la vez la belleza como parte de la Belleza Absoluta que define e identifica a Dios. La vida es bella, y la belleza de la vida es expresión continuada de la misma vida de Dios. Dios y Belleza Absoluta constituyen una unidad y un todo infinito e indivisible.

La felicidad para los seres humanos no podrá encontrarse al margen de estos valores. No sería felicidad si no se la pretendiera integrar de alguna manera en esta unidad. La felicidad de la que participan los seres humanos es idéntica a la felicidad de Dios, al que hace presente de modo tan particular en medio de la humanidad. Dios es feliz y quiere que, por hijos suyos, todos seamos felices. Al crearnos y al recrearnos nos confiere el don de su felicidad que se hace nuestra, sobre todo cuando nosotros nos hacemos y somos conscientes de ser Él.

Culta felicidad

Aquí y para nosotros, cultura no se identifica simplemente con información. No es más culto quien sabe más y de quien se dice que está más y mejor informado. No es más culto aquel para el que cualquier noticia del signo que sea la tiene presente. Para nosotros, al igual que para tantos otros, el término «cultura» se hace proceder de una palabra latina que significa «cultivar» y de la que también proceden otras como «agricultura», que lleva dentro de sí tanto conocimiento como esfuerzo. En conformidad con el pensamiento del filósofo español Luis Vives, la referencia adecuada a cultura no es la de «saberes», sino la de «cultura animi», o cultivo de los valores del espíritu, es decir, los propios del conocimiento y del amor. La palabra «cultura» pudiera muy bien identificarse con la de civilización, y en ella se hacen activamente presentes y en consonancia, los conceptos de creencias, arte, ciencias, costumbres, leyes, hábitos, modos y formas de vida...

Es obvio que cada cultura está condicionada y a la vez ella misma condiciona la concepción del hombre. Esto quiere decir que cada cultura tiene una concepción distinta de la felicidad, aunque sus elementos principales puedan ser comunes. Entre éstos resaltamos como principales los de conocimiento, verdad y libertad. La felicidad es meta en todas las culturas siempre y cuando en ella se puedan dar cita a perpetuidad el conocimiento, la verdad y la libertad. Sin conocimiento personal, sin verdad y sin libertad, no hay felicidad, al igual que no hay cultura y, por lo tanto, no puede haber vida. Las personas felices y las que algún día puedan alardear de trabajar o de haber trabajado por proporcionarles a otros la posibilidad de ser felices, jamás habrán podido desertar de su entrega en favor del conocimiento, de la verdad y de la libertad.

No sabe más ni es más feliz quien más sabe, en el sentido de estar informado o «al día» de las cosas y de las personas. Tal conocimiento raramente es sabiduría y es en ella donde reside el manadero de la felicidad. La sabiduría –cultura– y civilización en la que se integren y actúen los conceptos de conocimiento, verdad y libertad es causa y fundamento de la felicidad que merecen los seres humanos, aunque sea triste reconocer que, desde tal perspectiva, no pueden ser muchas las personas humanas felices.

Limitaciones y disposiciones

No es posible ser o pretender ser feliz «a lo loco». A lo loco no es forma de vida y, por tanto, jamás podrá ser forma de felicidad. La naturaleza humana exige un comportamiento de vida en consonancia con normas rigurosas y serias que reclaman ser respetadas y, si bien no habrá de ser la seriedad en su formulación antipática exterior lo que caracterice la relación interpersonal, jamás habrá de faltar en ella el rigor y compromiso con la responsabilidad. Quienes se toman la vida y viven a lo loco y, por tanto, pretenden de igual manera vivir la felicidad, ni alcanzan sus beneficios, ni harán que ellos puedan corresponderles al resto de los seres humanos.

Y tomarse en serio la vida, es decir, la felicidad que ella reporta, supone entre tantas otras cosas, conocernos a nosotros mismos y conocer las características de nuestra propia personalidad. Sin conocimiento propio resulta inviable recorrer los caminos de la convivencia. Sin conocimiento propio es imposible conocer a los otros, por lo que el trato con ellos jamás será factible y ni siquiera llevadero. Y otro de los descubrimientos elementales que nos proporciona el conocimiento propio en la relación con la felicidad, es el de alertarnos acerca de las limitaciones personales con las que habremos de contar en la vida. Hay personas condenadas a la infelicidad sólo porque no estudiaron ni fueron conscientes de las limitaciones que las definían, olvidándose de que son éstas las que obligan de verdad a que aspiraciones, proyectos y deseos se encaucen y ajusten con unas fórmulas muy concretas dejando otras de lado. Quien conozca sus limitaciones y actúe en conformidad con las mismas, tiene asegurada una buena parte del éxito en la búsqueda de la felicidad. Ésta puede hacérsele la encontradiza en cualquier esquina.

Y al igual que las limitaciones, necesitan ser conocidas las disposiciones personales con referencia a la felicidad. La disposición –actitud y disposición– contribuye de forma decisiva en la construcción de la felicidad. Las disposiciones son parte fundamental de la definición y de la manera de ser de cada persona. Por las disposiciones se expresa y se manifiesta lo que es y no es la persona y de lo que es o no es capaz de ser y de realizar. El conocimiento de las disposiciones prepara también el de la posesión de la felicidad.

Felicidad cortés

Está en juego en esta reflexión el concepto de «cortesía» que, tal y como refieren los diccionarios, «es la demostración o acto que refleja la atención, respeto o afecto que tiene una persona a otra». Partimos del convencimiento de que la cortesía no tiene buena prensa en la actualidad. Aún más, no son pocos los que piensan que la cortesía –tal vez por aquello de proceder etimológicamente de corte, de cortesano y de cortesana– debería ser jubilada en los usos de nuestra convivencia. Pero, pese a comprobadas exageraciones o estúpidas insulseces, la cortesía es y habrá de seguir siendo norma de vida y de comportamiento, aunque para ello y muy fundamentalmente tendrá que reflejar contenidos de autenticidad y no de falsedad. La cortesía habrá de ser lenguaje ponderado e inteligible. Próximo y aproximador. Cálido y comprensivo. De esta forma, será inspiradora y transmisora de felicidad. De toda la felicidad que comprende entender y entendernos unos y unos, con respeto y aceptación de lo que somos y tenemos.

Alguien cercano al pensamiento de san Francisco de Asís escribió que «la cortesía es mucho menos que el valor o la santidad. Pero, bien meditado, diríamos que la gracia de Dios está en la cortesía». El mismo santo de Asís, y en momentos dramáticos para sí al pretender quemarle con un hierro candente las niñas de sus ojos para evitar la propagación de cierta enfermedad, dirigiéndose al fuego en el lenguaje coloquial de Hermana Tierra, Hermana Agua, Hermano Sol y Hermano Lobo, pronunció estas palabras: «Hermano Fuego: Dios te hizo bello, poderoso y útil; yo te ruego que seas cortés conmigo». Al santo no le fue entonces posible experimentar la cortesía del Hermano Fuego, porque a última hora decidieron felizmente los galenos aplazar tal curación.

La cortesía lleva a la felicidad. La cortesía le abre a muchos las puertas de la felicidad. A muy pocos se las cierra. La cortesía que expresa con veracidad el respeto, la atención y el afecto de una persona a otra, hace felices a los protagonistas de un acontecimiento que en la actualidad raramente se registra. La cortesía lleva a la felicidad de modo similar a como la felicidad tiene que ser siempre respetuosa y cortés en su ejercicio y estima.

La felicidad del «sí»

Se trata de un adverbio afirmativo, de una sola sílaba, con idénticas letras que el adverbio negativo «no», pero que significa y dice totalmente lo contrario a éste. El «sí» denota una especial aseveración en lo que se dice o se cree, y que se emplea también con énfasis para avivar la afirmación expresada por el verbo al que acompaña. Y acontece que, aunque fonéticamente cueste idéntico esfuerzo pronunciar el «sí» que el «no», son muchas más las personas partidarias del «no» que del «sí». Son muchos los que tienen a flor de labios el «no» y pocos son los que tienen el «sí». No les importa en demasía si es uno u otro adverbio el correcto y el que entonces correspondería utilizar. Son personas «no» como otras son personas «sí».

Es posible que sea el carácter, la formación o circunstancias adversas que vivan algunos y les obliguen a hacer uso permanente del «no», aun en aquellos momentos y con aquellas personas con las que sería correcto y hasta procedente emplear el «sí». Dan la impresión de que el «sí» les compromete mucho más que el «no». Dan la impresión de que al ser el «sí» portador de lo positivo, les molestara que algunos pudieran participar de la felicidad que esta circunstancia le hace llevar dentro. Con el «no» por delante, apenas si se es feliz o si se logra que los demás lo sean. El «sí» estimula y expresa la fe que se tiene en las fuerzas y en las posibilidades del otro. El «sí» es educador por ser constructivo y favorecedor de esperanzas. El «sí» abre caminos. Desmorona las murallas de la inhibición. Hace adelantar y le confiere alegría a quien va dirigido. El «no» dificulta y cercena. Arruga y erosiona los propósitos mejores. Desanima y desconsuela.

El «sí» se identifica con la felicidad y las felicidades siempre y cuando sea dicho y entendido de forma positiva y constructora. El «sí» anticipa la felicidad propia de todas las vísperas que anteceden a los acontecimientos deseados. Difícilmente el «no» es mensajero de la felicidad, a no ser que haya sido bien pensado y se hayan calculado con responsabilidad los desánimos y las desastrosas consecuencias a que pueda dar lugar. Cuesta lo mismo decir «sí» que «no» y ¡hay que ver cuánta felicidad depende de uno y de otro adverbio! El «sí, pero» es un «no» encubierto.

La felicidad es paciente

Son muy ilustrativas estas palabras de Petrarca: «La paciencia triunfa en toda empresa mejor que la misma fuerza. Muchas cosas que no podrían vencerse se conquistan poco a poco». Son muchos hoy los impacientes. Si tuviera que efectuarse un censo en el que constara con exactitud el número de impacientes, es muy probable que coincidiera con el censo oficial en el que se hace cabal referencia a todas y a cada una de las personas que poseen el documento nacional de identidad. Hay impacientes y ejercen como tales en las familias, en los trabajos, en las carreteras, en el mundo de los afectos, en el de los pensamientos... Los impacientes son multitud siempre y en todo.

Los males que a la sociedad, a la civilización y a la cultura les ocasionan los impacientes son innumerables y, muchos de ellos, graves. Tanto en la realización del cometido laboral, profesional, social o político que les haya sido encomendado, como en sus relaciones interpersonales, los impacientes dejan sus huellas de inquietud y de provisionalidad pletóricas de inconsistencia. Los impacientes suelen tener mal humor que transmiten con frecuencia y lamentablemente a la colectividad. Los impacientes son asimismo inconstantes, lo que repercute negativamente en el bien común. Los impacientes son o se hacen siempre antipáticos, se cansan y se abaten. Deforman la realidad que, por encima de todo, la conciben y la quieren a su propia medida. Los impacientes se olvidan del principio de que «las cosas más grandiosas no se llevan a cabo por la fuerza, sino por y con perseverancia».

La impaciencia conduce con dificultad a la felicidad propia y ajena. Si el impaciente colocó su meta de felicidad en la acción o en la obra rápidamente hecha, sin más, es muy probable que tal felicidad personal la haya logrado a trueque de infelicidades ajenas, pero también personales. El tiempo y la paciencia pueden ser buenos consejeros. Al menos, lo serán en grado mayor que la impaciencia incontrolada y atolondrada. El fruto no madura en un solo día. Tampoco así grana la espiga. Fruto y espiga son permanentes portadores de felicidad.

En lo grande y en lo pequeño

No es que unos hombres sean más grandes que otros. Todos somos iguales ante Dios y ante los demás, cuando éstos saben mirar y examinar, no sólo con los sentidos externos, sino con el corazón, que es lo que jamás equivoca. Pero ocurre que unos hombres dan la impresión de ser, o de querer ser, más grandes que otros. Y no sólo en las distancias largas y desproporcionadas que disponen y ordenan la fama, el honor o la publicidad. También en los espacios limitados y estrechos de la convivencia interpersonal. Algunos dan la impresión desconsiderada de ser grandes, o al menos más grandes que otros, y en esta sensación colocan su felicidad. Grandes en lo que sea, sin pensar si también en tal condición puede o no encontrarse la perfección. Para ellos lo que importa es ser grandes, sin más.

Pero la felicidad, por felicidad, no está en lo grande. Tampoco está en lo pequeño. Pero, puestos a dudar y a tener que elegir, y al margen de que a las personas intelectualmente serias no les dicen demasiado los conceptos grande o pequeño en relación con la felicidad, nosotros no optaríamos siempre y en todo por lo grande, sin que esto llevara consigo tener que decidirnos por lo «regular». A nosotros nos ha llamado mucho la atención la siguiente reflexión de un poeta: «No queremos que el mundo sea tan grande ni el mar tan hondo. Hay necesidad de limitar, de domesticar los términos inmensos». Y es que lo grande, lo supergrande o lo super–hiper grande, en conformidad con terminologías hueras y desconsideradas al uso, ha de situarse lejos y como fuera de nosotros, por su propia condición e hiperbolismo. Lo super–hiper grande es inasible de por sí. Rebasa la medida humana de la felicidad o la torna irreal e irrealizable.

Si lo estudiamos con ponderación, ni el mar es tan hondo, ni el mundo es tan grande, sin que esto le robe un ápice a la definición de mar y de mundo. Somos muy dados a las desproporciones y hay exageraciones en todo y quienes las dictan o imponen parecen pretender por encima de todo apropiarse de unos atributos y consideraciones que jamás habrán de pertenecerles, y que además se hallan incómodos con lo que tienen y con lo que son. Los términos «inmensos» hay que domesticarlos y acercarlos a nuestra medida, consideración y estima, si queremos que sean también portadores de felicidad.

La felicidad del currículum

La expresión correcta es «curriculum vitae» y con ella se hace referencia al resumen escrito que de la vida de cada individuo se suele efectuar para ser presentado ante otras instancias con carácter normalmente laboral. Son muchas las personas que se ven obligadas a redactar y a presentar una y otra vez sus currículos, con la esperanza de que todos o algunos de los méritos, estudios, o características personales, laborales o profesionales del solicitante puedan encajar en las coordenadas de las demandas propuestas o exigidas. El itinerario de los currículos por agencias y oficinas es largo y hasta doloroso y desesperanzador para muchos, y no precisamente porque no se sientan cargados de méritos, sino porque sean otras las razones exigidas o, simplemente, porque son muchas las solicitudes.

Cada persona es su «curriculum vitae». No sólo el que sirve de base para cursar una petición de tipo laboral o profesional, sino también aquel otro que se limita a reflejar la realidad de esa nuestra vida. El currículum somos, en cierto modo, nosotros. Y unos están conformes con él y otros no. Depende de multitud de circunstancias y factores. A unos, y con diversos procedimientos, les impusieron su currículum no dándoles opción para cambiarlo y para que fuera distinto, y otros lo eligieron personalmente, y a su gusto, ya desde su inicio y aun desde su preparación. Hay currículum que se limitaron a copiar el de sus propios padres. En otros fueron los padres sus protagonistas, de tal modo que le impusieron a sus hijos el currículum que ellos mismos no pudieron tener. Hay currículos que de por sí habrían de conducir a parcelas de felicidad. Otros, sobre todo por las circunstancias de la imposición o del mimetismo, difícilmente conducirán a esas parcelas, teniendo que ser la resignación la única fórmula eficaz para subsanar tan graves desorientaciones o suplantaciones.

De todas formas, en todo «curriculum vitae» puede esconderse la felicidad, aunque para su descubrimiento haya necesidad de restregarse mucho los ojos. Sin tener que invocar la idea de que «jamás el agua del río vuelve atrás», es posible conducir y reconducir esa misma agua hacia turbinas generadoras de sorprendentes dinamismos o, mediante sistemas de riego, hacia campos de fertilidad. Tanto en uno como en otro destino, siempre resultará posible hallar la felicidad.

Felicidad acariciadora

La felicidad de la pareja se basa en el conocimiento, que ha de ser mutuo y profundo. En desnudez y en caricia. Sí, en caricia, porque el mutuo conocimiento acariciador del hombre y de la mujer –íntimo, a la vez que externo; profundo, a la vez que superficial–, facilita la plenitud del gozo amoroso, pero como culminación de todo un proceso de conocimientos mínimos y afectuosos, que preparan, a la vez que expresan, la fabulosa carga de intercomunicación sexual de que es depositaria la naturaleza humana.

Se trata, en definitiva, de conseguir un conocimiento de plenitud. Sin conocimiento, el amor no es asequible, así como sin amor tampoco éste lo es. Un conocimiento de uno para el otro, a la vez que para los dos. Si no nos conocemos, o si no nos conocen, no podemos amar, ni nos pueden amar. Eso de que el amor es ciego es una frase barata y descalificada por toda persona decente y consciente. Y el conocimiento en pareja ha de ser acariciador. Con mimo. Complaciente y deseado. Los chirridos, las estridencias y las destemplanzas también, y sobre todo en las caricias, obstaculizan el conocimiento interpersonal. Quien no sepa, no quiera, no pueda acariciar o no le deje al otro iniciativa y hueco para ser acariciado, no sirve para vivir en pareja. Cada miembro de la pareja ha de acariciar tanto como ha de dejarse acariciar. El diálogo de la caricia –íntima y externa, profunda y superficial– es el más elocuente y no equivoca jamás.

Sin caricias no hay pareja y, por supuesto, tampoco hay matrimonio. Sin caricias no existe la plenitud del gozo amoroso propio de los seres humanos. La sexualidad no lo es, si de ella se ausentó la caricia. La caricia es, por encima de todo, diálogo. Es el diálogo. La caricia es un arte. Hace feliz, comunica y expresa la felicidad. Es artículo de primera necesidad para tener ilusión en la vida de pareja y no perder en ella toda esperanza. No hay momento más triste en la vida que el de convencerse de que siendo tan importante la caricia, llegue uno a darse cuenta de que se encuentra tan lejos de la brillante y reconfortante posibilidad de que su geografía exterior e interior sea recorrida una y otra vez lenta, sabia y acariciadoramente.

ÍNDICE